Katja Czajkowski

SUPER EASY NÄHEN

KLEIDUNG FÜR BABYS UND KIDS

Für die Größen **50-104** mit **4** Schnittmusterbogen

EMF

EIN BUCH DER EDITION MICHAEL FISCHER

INHALT

Grundlagen

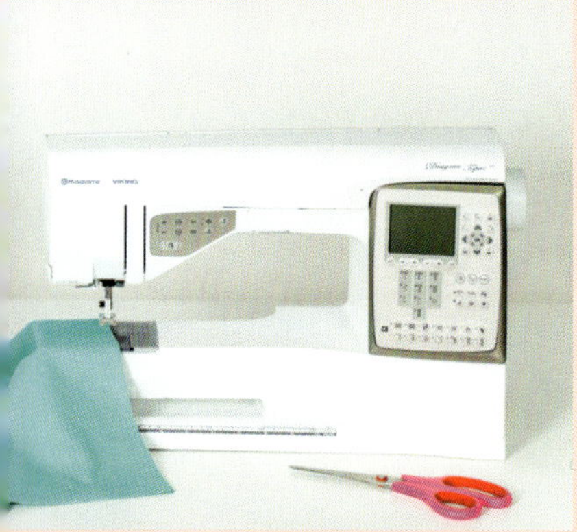

Projekte

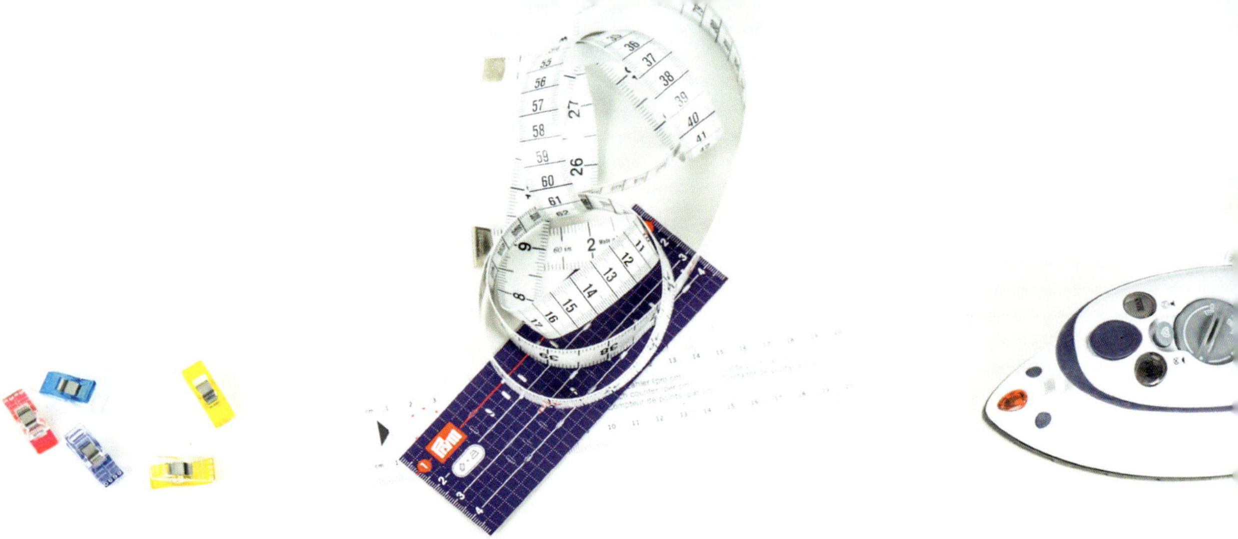

NÄHGRUNDLAGEN

NÄHMASCHINE

Ob geerbt oder gekauft, sie ist ein absolutes Must-have, um nachhaltige Kindermode selbst zu nähen oder Kleidung auszubessern.

Du brauchst nicht das teuerste High-End-Modell und nicht Unmengen an Zierstichen. Eine solide Haushaltsnähmaschine, bei der sich die Geschwindigkeit über das Pedal regulieren lässt und die einen sauberen Gerad- und Zickzackstich hat, reicht aus. Grade beim Nähen von elastischen Stoffen ist ein guter elastischer Stich von Vorteil, und für Jersey ist eventuell ein Obertransportfuß sehr praktisch, wenn sich der Nähfußdruck nicht einstellen lässt.

Tipp: Nicht außer Acht lassen solltest du Reparatur und Garantie. Ein Markengerät lässt sich wahrscheinlich besser wieder instand setzen als eine No-Name-Maschine zum Schnäppchenpreis. Für ein neueres Modell findest du in der Regel auch noch Ersatzteile, was beim Erbstück der Uroma schon schwieriger wird. Eine lange Garantie kann auch das Zünglein an der Waage sein, um sich doch für das etwas teurere Modell zu entscheiden, das eben dadurch nachhaltiger ist.

Tipp: Wenn du die Möglichkeit hast, irgendwo einen kleinen Tisch hinzustellen und die Nähmaschine darauf stehen zu lassen, dann würde ich dir das empfehlen. Du wirst die Maschine so viel öfter und lieber benutzen, als wenn du sie erst aus dem Keller raufholen musst, alles aufbauen und im Anschluss wieder wegräumen muss.

NÄHEN MIT DER NÄHMASCHINE

Es ist noch kein Meister vom Himmel gefallen! Im Buch zeige ich dir Schritt für Schritt, wie man die verschiedenen Kleidungsstücke näht. Zusätzlich erkläre ich dir viele Grundlagen und Techniken. Doch all die Theorie hilft nur, wenn du sie in die Praxis umsetzt. Üben ist angesagt! Wahrscheinlich wird der ein oder andere Fehler passieren, doch beim nächsten Stück wird es schon besser sein.

Tipp: Nachhaltigkeit in allen Ehren, aber das alte Nähgarn aus Omas Nähkästchen ist aufgrund des Alters vermutlich genauso wenig für langlebige Nähstücke geeignet wie das billige No-Name-Garn aus dem Discounter. Setze bei Garn lieber auf die gängigen Marken wie z.B. Ackermann, Gütermann oder Madeira.

GERADSTICH / STEPPSTICH

Am häufigsten wird dieser gerade Stich beim Nähen verwendet. Mit ihm kannst du Stofflagen zusammennähen oder etwas absteppen. Zum Nähen (zusammennähen und absteppen) eignet sich eine mittlere Stichlänge. Zum Heften und Kräuseln kannst du eine lange Stichlänge einstellen.

Tipp: Um Ecken oder auch Rundungen besser nähen zu können, kannst du die Nadel im Stoff stecken lassen und das Nähgut bei angehobenem Nähfuß etwas weiterdrehen. Anschließend kannst du den Nähfuß wieder senken und ganz normal weiternähen.

Tipp: Für dehnbare Stoffe benötigst du einen elastischen Stich zum Zusammennähen. Wenn deine Nähmaschine keinen speziellen elastischen Stich wie z. B. Elastik-Stich oder Tricot-Stich hat, kannst du auch einen 3-fachen Zickzack-Stich verwenden. Dieser ist elastischer als ein reiner Geradstich.

ZICKZACK-STICH

Schnittteile lassen sich mit dem Zickzack-Stich der Nähmaschine versäubern. Hierbei wird immer ein Stich in die Nahtzugabe und der nächste Stich knapp neben der Stoffkante „ins Leere“ gesetzt.

Tipp: Ein Overlock-Füßchen für die Nähmaschine erleichtert das Versäubern von dehnbaren Stoffen. Dieser Fuß verhindert das Einrollen des Stoffrandes durch eine seitliche Kante und sorgt so für einen sehr sauberen Abschluss. In der Mitte des Nähfußes befindet sich ein Steg. Beim Nähen wird über diesen das Garn gelegt und somit die Fadenmenge erhöht.

Hinweis

Achte stets auf die passende Nadel zum Stoff! Verwende z. B. für Webwaren eine Universalnadel und für Jersey und Sweat eine Jerseynadel.

OVERLOCK

Eine Overlock ist eigentlich eine Maschine für den Industriebereich, die sich seit einiger Zeit aber auch in der Hobbyszene großer Beliebtheit erfreut. Denn eine Overlock erleichtert die Verarbeitung von dehnbaren Stoffen ungemein.

WAS MACHT EINE OVERLOCK?

Eine Overlock kann zusammennähen, den Rand ordentlich abschneiden und versäubern – alles in einem Arbeitsschritt! Dabei umschlingen die Fäden die Stoffkante. Die Overlock ist ein echtes Arbeitstier und „frisst“ sich durch Kilometer von Stoff. Sie ist eine effiziente Spezialmaschine, mit der es richtig Spaß macht, Kleidung zu nähen! Folgende Dinge kannst du mit einer Overlock tun:

- 2 Lagen Stoff (insbesondere dehnbare Stoffe) zusammennähen, den Rand versäubern und dabei sauber schneiden
- Versäubern und schneiden in einem Arbeitsgang
- Versäubern ohne schneiden, wenn du die Messer deaktivierst
- Einen schmalen Rollsaum nähen
- Flatlock-Naht (sichtbare dekorative Naht, die sich durch Auseinanderziehen des Stoffes ergibt)

Info: Ist eine Overlock teuer? Auch die günstigen Modelle haben in der Regel ein ganz passables Stichbild und nähen zuverlässig. Je mehr man ausgibt, desto mehr Komfort erkauft man sich in der Regel. Das zeigt sich zum Beispiel in der deutlich reduzierten Lautstärke, besserem Stichbild und einfacherem Einfädeln durch bessere Erreichbarkeit der entscheidenden Stellen.

Eine Coverlock erweitert deinen Nähmaschinenpark um eine weitere Funktionalität. Sie näht dehnbare Säume, und sie kann mit dem passenden Equipment Kanten (z.B. am Ausschnitt) einfassen. Wie eine Overlock verkettelt die Coverlock die Fäden miteinander – aber nur auf der Unterseite des Stoffes. Auf der Oberseite näht sie parallel gesetzte Stiche. Im Gegensatz zu einer Overlock näht die Coverlock also nicht an der Kante entlang, sondern AUF dem Stoff.

OVERLOCK-/COVERLOCK-NADELN

Overlock- und Coverlock-Nähmaschinen benötigen eigene Nadeln. Erkennbar sind diese an der Bezeichnung ELx705. Bei Singer und Pfaff setzt man auf folgende Bezeichnungen: 2022, 2053 und 2054. Die Nadeln haben häufig eine zweite Fadenrinne. Zudem ist der Schaft verstärkt, um der schnelleren Nähweise der Maschinen standhalten zu können. Die Spitze ist ebenfalls leicht abgerundet. Damit die Nadeln möglichst lange halten, sind Overlocknadeln besonders beschichtet, häufig mit Chrom. Einen genauen Hinweis, welche Nadeln notwendig sind, findest du auch in der Anleitung der Maschine.

BÜGELEINLAGEN

Sobald appliziert wird, Knopfleisten oder Belege verwendet werden, sollte man Bügeleinlagen in Betracht ziehen. Am weitesten verbreitet sind die Produkte von Vlieseline.

Vliesofix: Beidseitig aufbügelbare Einlage. Zum Applizieren von Gewebe auf Gewebe, also z. B. Baumwollwebware auf Baumwollwebware.

Stretchfix: Beidseitig aufbügelbare Einlage für dehnbare Stoffe. Zum Applizieren von Maschenware auf Maschenware. Im Gegensatz zu Vliesofix bleibt die Applikation schön elastisch. Am besten auf der Rückseite des Nähstücks die H609 aufbügeln oder Stickvlies verwenden, bevor man das Motiv umnäht.

H609: Universalbügeleinlage für Dehnbares. Eine bi-elastische Bügeleinlage für Maschenware. Eignet sich z. B. für Knopfleisten oder stabilisiert die Rückseite von Jersey, damit beim Applizieren problemlos umnäht werden kann.

279 Cotton Mix: Bügelt man diese Einlage auf Jersey auf, fühlt er sich wie Sweat an. Eignet sich dafür, Jersey „dicker" zu machen, um daraus z. B. gefütterte Mützen oder Schals zu nähen. Das Cotton Mix liegt dann zwischen zwei Jersey-Schichten.

TIPPS UND TRICKS FÜR BÜGELEINLAGEN

Beim Zuschneiden der Bügeleinlagen muss auf den Fadenlauf geachtet werden, damit sich das verstärkte Stück später nicht verzieht oder verdreht. Einfach an der Webkante orientieren, denn diese liegt seitlich, und der Fadenlauf ist senkrecht.

Aufbügeln am besten mit einem Bügeleisen mit durchgehender Sohle und mit einem feuchten Tuch.

Das gebügelte Stück muss erstmal eine Weile ruhen und gut auskühlen, damit die Haftmasse ihre volle Klebekraft entfalten kann. Kleine Teile sollte man schon mal 30 Minuten liegen lassen, großflächigere Sachen gern auch mal über Nacht. So löst sich später nichts mehr ab.

Je kleiner der Punkt (Haftmasse) auf der Einlage, desto feiner sollte der Stoff sein. Denn große Punkte können bei feinen Stoffen „durchschlagen", während kleine Punkte bei grobem Stoff einfach nicht halten.

DIE RICHTIGE GRÖßE FINDEN

Die Maße orientieren sich an den gängigen Konfektionsgrößen und fallen größengerecht aus. Wähle die Größe entsprechend der Körpergröße und des Brustumfangs aus. Eine Längenanpassung ist bei den meisten Schnitten leicht möglich.

MAßTABELLE (ALLES IN CM)

	50	**56**	**62**	**68**	**74**	**80**	**86**	**92**	**98**	**104**
Körpergröße	50	56	62	68	74	80	86	92	98	104
Kopfumfang	38	39,7	41,5	43,2	45	46,7	47,6	48,6	49,5	50,4
Brustumfang	40	42	44	46	48	50	51,5	53	54,5	56
Hüftumfang	41	43	45	47	49	51	53	55	57	59

Hinweis

Du schwankst zwischen zwei Größen? Näh die größere. Kinder wachsen schnell!

RICHTIG MAß NEHMEN

Wenn Kleidung gut sitzt, macht das Tragen noch mehr Freude. Daher ist richtig Maßnehmen ein unerlässlicher Schritt.

Um die richtige Größe zu ermitteln, ist das Maßnehmen wichtig. Damit die Werte optimal gemessen werden können, sollten die Kleinen beim Maßnehmen am besten nur Unterwäsche tragen. Der Brustumfang wird an der stärksten Stelle gemessen. Der Hüftumfang wird an der stärksten Stelle über dem Po gemessen. Diese beiden Maße sind neben der Körpergröße die beste Orientierung für die Wahl der Größe.

TIPP: GRÖßENANPASSUNG

Manchmal brauchen Kinder in der Länge eine andere Größe als in der Breite. Viele Schnittmuster kannst du ganz einfach selbst anpassen: Wähle z. B. in der Breite Größe 68 und in der Länge Größe 74, dann erhältst du ein längeres, schmales Kleidungsstück. Oder du wählst in der Länge Größe 62 und erhältst ein weites Kleidungsstück, welches mehr Raum bietet für Babyspeck.

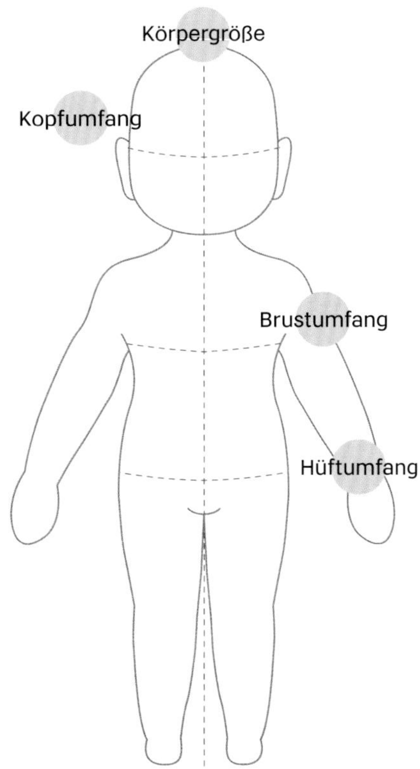

SCHNITTMUSTER LESEN

Jedes Nähprojekt beginnt mit dem Lesen des Schnittmusters. Dabei erfährst du alles, was du zum Nähen wissen musst. Zum Beispiel welche Schnittteile du wie oft benötigst und auf welchem Schnittbogen du diese finden kannst.

SCHNITTMUSTERMARKIERUNGEN

Auf den Schnittmustern des beiliegenden Schnittmusterbogens findest du unterschiedliche Symbole und Bezeichnungen. Übertrage alle Markierungen, sie helfen dir später beim Nähen.

STOFFBRUCH

So nennt man die Kante, an welcher der Stoff im Fadenlauf gefaltet wird. An dieser Faltkante legt man das Schnittmuster an und schneidet so ein zusammenhängendes Teil zu. Der Fadenlauf ist immer parallel zur Webkante. Am Bruch gibt man keine Nahtzugabe.

FADENLAUF

Der Pfeil im Schnittmuster kennzeichnet den Fadenlauf. Achte darauf, das Schnittteil immer entsprechend des Fadenlaufs zuzuschneiden. Der Fadenlauf beschreibt die Richtung der Kettfäden eines textilen Gewebes. Du kannst ihn leicht erkennen: Die festeren Webkanten an den Seiten deines Stoffstückes verlaufen in genau der gleichen Richtung wie der Fadenlauf.

KNIPSE/PASSZEICHEN

Die kleinen Markierungen, sogenannte Knipse oder Passzeichen, solltest du unbedingt mit auf den Stoff übertragen. Diese helfen dir, den Schnitt passgenau zusammenzunähen. Du kannst die Knipse mit einem kleinen Einschnitt innerhalb der Nahtzugabe kennzeichnen oder mit einem Marker/Kreide anzeichnen.

Hinweis

Die Schnitte von Nähfrosch tragen alle indonesische Namen. Denn ich bin mit einem Halb-Indonesier verheiratet und liebe es, mit der Familie dorthin zu reisen.

KNOPFPOSITION

Dieses Symbol zeigt die Position eines Knopfes an. Übertrage es mit einer Stecknadel oder Schneiderkreide/Trickmarker.

WEBKANTE

Bei Jersey ist dieser Begriff etwas irritierend, da dieser nicht gewebt, sondern gestrickt oder gewirkt ist. Es handelt sich bei den Webkanten um die seitlichen Kanten des Stoffes. Also die Kanten, an denen der Stoff nicht im Geschäft abgeschnitten wurde, sondern die „fest“ sind. Die Webkante ist bei den meisten Stoffen einige Zentimeter breit und steifer als der Rest des Stoffes. Einige Hersteller vermerken auf der Webkante die Namen der Designer sowie die Pflegehinweise.

DOPPELTE STOFFLAGE/GEGENGLEICH

Der Stoff wird gefaltet, sodass er doppelt liegt, und der Schnitt wird dann aufgelegt. Hierdurch entstehen bei einem Zuschnitt gleich zwei gespiegelte Teile.

RECHTS AUF RECHTS

Das bedeutet, beide rechten Stoffseiten liegen aufeinander. Bei bedruckten Stoffen ist dies die schönere Stoffseite. Bei Stoffen wie z. B. Jersey ist es üblicherweise die Seite mit den rechten Maschen. Diese sehen aus wie ein feines Zopfmuster. Die Maschen der linken Stoffseite sehen aus wie Schlaufen.

GRÖẞENLEGENDE

Bei jedem Schnittteil zeigen unterschiedliche Linien die verschiedenen Kleidergrößen an. Die Größenlegende sagt dir, welche der Linien du brauchst.

Hinweis

Du bist dir unsicher, welche Seite die rechte Seite ist? Schneide einen Streifen von deinem Jersey ab und ziehe dran: Ist der Streifen quer zum Fadenlauf geschnitten, so rollt sich die Kante des Jerseys üblicherweise nach links.

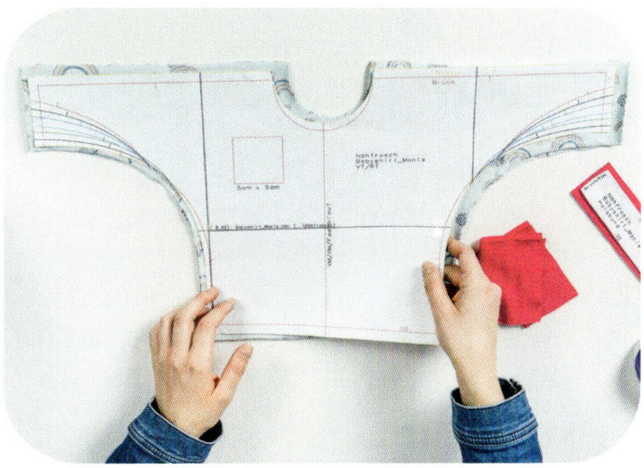

SCHNITTMUSTER ÜBERTRAGEN

Pause das Schnittmuster vom Schnittbogen auf Papier oder Folie ab. Achte darauf, dass du alle Linien, nötigen Markierungen und Hinweise korrekt übernimmst. Schneide die Schnittmusterteile dann aus.

ZUSCHNITT

Lege die Schnittmusterteile auf deinen Stoff. Beachte unbedingt den Fadenlauf. Teile, die im Bruch zugeschnitten werden müssen, legst du direkt an der Bruchkante an und schneidest sie doppellagig zu – später kannst du den Stoff aufklappen und hast ein symmetrisches Teil. Teile, die gegengleich zugeschnitten werden müssen (z. B. Ärmel), legst du mit etwas Abstand zur Bruchkante auf den Stoff und schneidest sie rundherum doppellagig aus. So erhältst du zwei spiegelbildliche Teile.

Übertrage alle Markierungen mithilfe von Schneiderkreide, Marker oder Stecknadeln auf den Stoff.

Die Schnitte im Buch enthalten keine Naht- oder Saumzugaben. Du musst also selbst rundherum 0,7–1 cm Nahtzugabe geben, auf der du dann nachher nähst. Als Saumzugabe empfehle ich dir 2–4 cm zuzugeben. Die gängigsten Nähabkürzungen im Buch sind VT für Vorderteil, RT für Rückteil, NZ für Nahtzugabe und SB für Schnittmusterbogen.

Hinweis

Bitte lies dir die Einleitung und die entsprechenden Anleitungen vor dem Zuschnitt einmal komplett durch.

NÄHEN UND VERSÄUBERN

Nähmaschine, Stoff, los geht's! Damit du nicht nur Bahnhof verstehst, erkläre ich dir hier ein paar grundlegende Nähbegriffe, dass die Anleitungen leichter verständlich sind.

VERSÄUBERN

Versäubern ist besonders bei gewebten Stoffen notwendig. Jersey und Sweat brauchst du in aller Regel nicht extra zu versäubern. Nahtzugaben und Säume kannst du auf verschiedene Weise versäubern: mit Zickzack-Stich oder mit der Overlock

Hinweis

Vor dem Säumen kannst du das Kleidungsstück anprobieren lassen. So kannst du die Länge noch ein wenig anpassen.

SÄUMEN

Je nach Stoffart kannst du erst einmal die Kante versäubern. Bei Jersey und Sweat ist dies nicht nötig. Klappe deine Saumzugabe auf die linke Seite ein, stecke sie gut fest und bügle diese. Nähe am Saum entlang. Verwende zum Nähen deines Saums mit Jersey unbedingt einen sehr dehnbaren Stich, z. B. einen 3-fach-Zickzack.

VERRIEGELN

Am Anfang und Ende einer Naht wird diese verriegelt, damit sie nicht mehr aufgehen kann. Dazu wird ein Stück vor- und zurückgenäht.

ABSTEPPEN

Nähe auf der rechten Stoffseite entlang einer Naht oder Stoffkante. Dadurch wird die Nahtzugabe innen festgenäht.

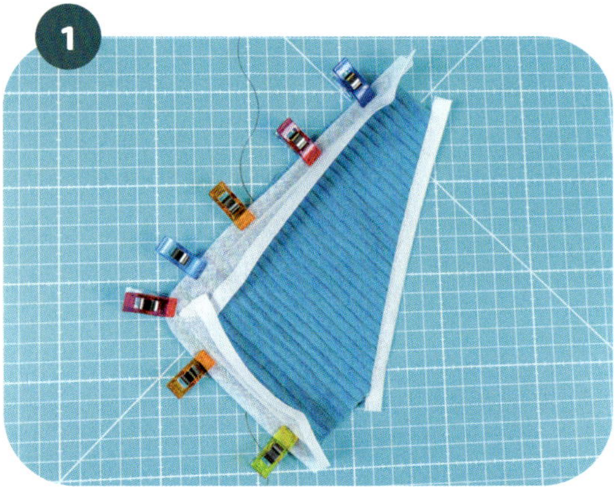

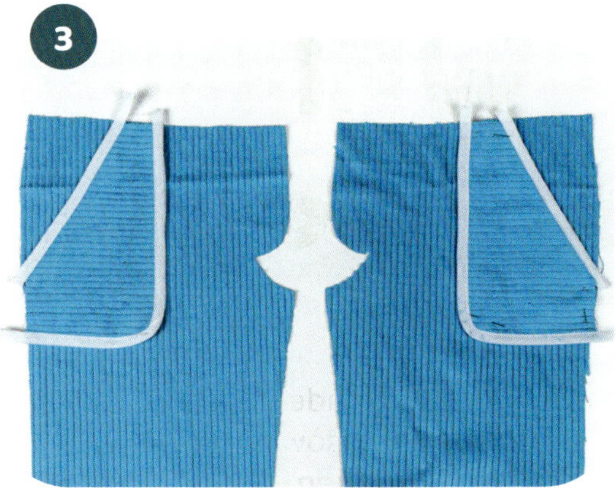

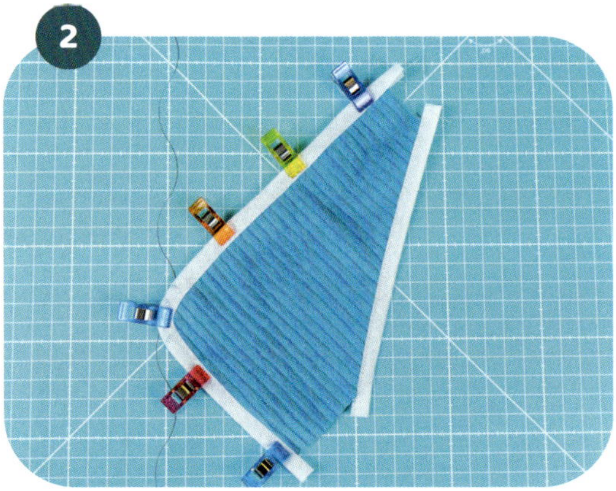

Hinweis

Mit Schrägband lassen sich aufgesetzte Taschen einfassen, aber z. B. auch die Kante eines Rocks statt zu säumen.

EINFASSEN MIT SCHRÄGBAND

1. Lege ein Stück des aufgeklappten Einfassbandes rechts auf rechts bündig an die Stoffkante, stecke das Band fest und nähe das Band an, knapp unter der ersten Falzlinie.

2. Klappe dann das Band um die Stoffkante herum und stecke es wieder gut fest. Nun liegen insgesamt vier Lagen Schrägband und eine Lage Stoff aufeinander.

3. Dann durch alle Stofflagen hindurch knappkantig feststeppen.

WENDEÖFFNUNG SCHLIEßEN

Eine Wendeöffnung kannst du auf zwei Arten schließen. Wenn der Rand sowieso abgesteppt wird, schlage die Nahtzugabe nach innen ein und schließe die Öffnung beim Umnähen.

1

2

Wenn man die Öffnung später nicht sehen soll, musst du per Hand mit einer Nähnadel die Öffnung schließen. Dies geht mit dem Matratzenstich.

1. Fädle Garn in eine Handnähnadel, lege es doppelt und verknote es am Ende. Lege die Nahtzugaben an der Wendeöffnung ordentlich nach innen und bügle sie gut. Der erste Stich geht von innen nach außen, direkt durch die Bügelkante. Nun arbeite dich in 2–3 mm Stichen vor. Stich mit der Nadel in die Kante ein und genau gegenüber in die andere Kante, immer von unten nach oben, von oben nach unten. Deine Stiche sehen aus wie eine kleine Leiter.

2. Durch Ziehen am Faden erhältst du eine unsichtbare Naht. Es sieht dann so aus, als wären die Stoffteile verstürzt worden. Vernähe den Faden am Ende.

BÜNDCHEN, KNÖPFE & CO

BÜNDCHEN ANNÄHEN

Bündchen gibt es meistens als Schlauchware in unterschiedlichen Breiten. Man benutzt sie für Ärmel oder Saumbündchen oder um einen Ausschnitt einzufassen. Hier zeigen wir euch, wie ihr diese herstellt und einnäht.

1

Hinweis

Um herauszufinden, wo beim Bündchen die rechte und die linke Stoffseite ist, ziehe einfach mal dran! Bündchen (und Jerseys!) rollen sich immer auf die linke Seite.

1. Nähe das Bündchen an den kurzen Seiten rechts auf rechts zu einem Ring zusammen.

2. Wende es auf rechts, sodass die eben genähte Naht innen liegt, und falte es im Anschluss der Länge nach.

3. Die offene Kante des Bündchens wird nun rechts auf rechts am Shirt festgesteckt, dazu stülpst du das Bündchen über das Shirt. Die

2

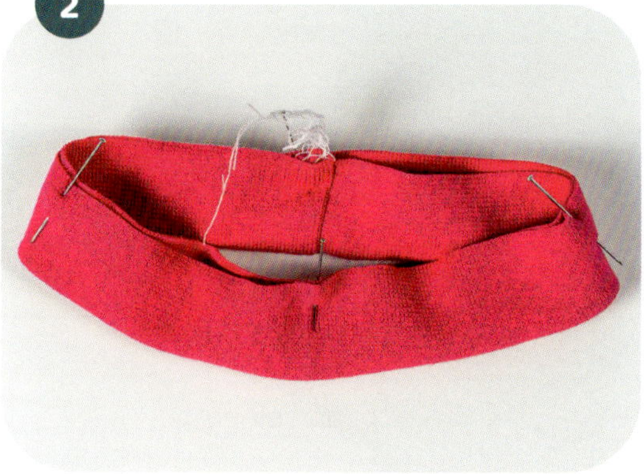

4

3

5

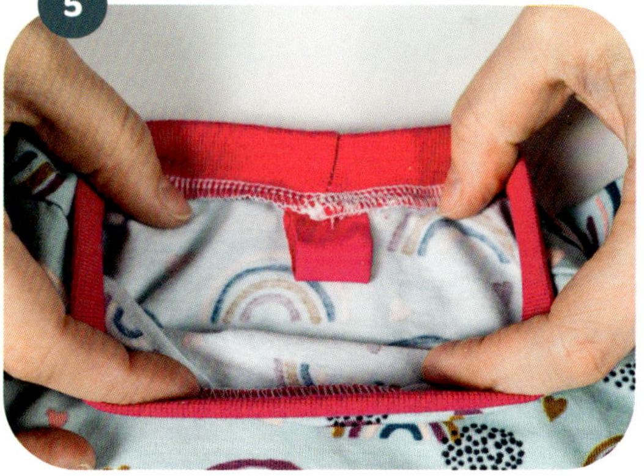

Kanten von Shirt und Bündchen werden aneinandergenäht, dabei trifft die hintere Mitte des Rückteils die Naht am Bündchenring. Alles gut feststecken.

4. Beim Nähen beachten, dass nur das Bündchen gedehnt wird, nicht aber das Shirt.

5. Anschließend kannst du dann das Bündchen nach oben klappen.

Tipp: Du kannst dein Shirt ganz leicht mit einem Schildchen verzieren, damit man beim Anziehen gleich sieht, wo hinten ist. Dazu eignet sich ein kleiner Rest Jersey, 5 cm hoch und 2 cm breit. Diesen zur Hälfte falten und mit der offenen Kante mittig am Halsausschnitt des Rückteils in der Nahtzugabe mit einigen Stichen befestigen. Dann das Halsbündchen ganz normal annähen.

1

3

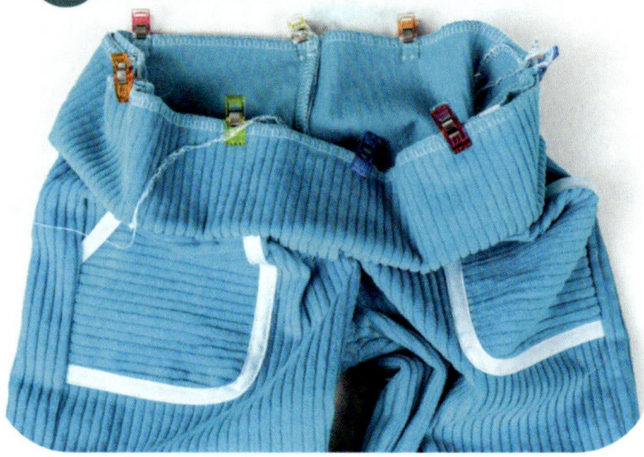

2

4

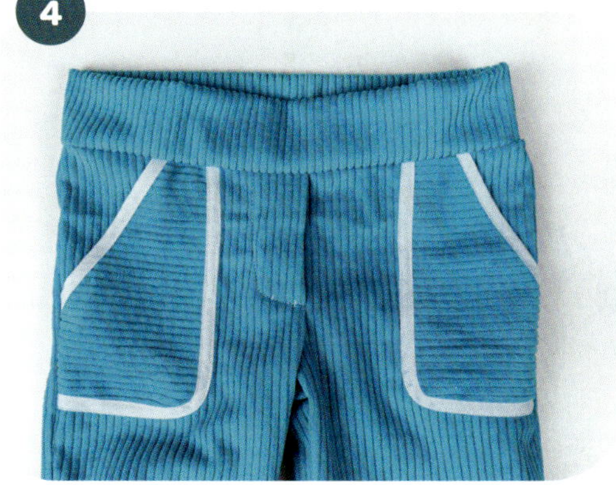

ANGESETZTER BUND MIT GUMMIZUG

1. Nähe den Bundstreifen an den kurzen Seiten rechts auf rechts zu einem Ring zusammen.

2. Wende ihn auf rechts, sodass die eben genähte Naht innen liegt, und falte ihn der Länge nach.

3. Die offene Kante des gefalteten Streifens wird nun festgesteckt, dazu stülpst du den Bund über die auf rechts gedrehte Hose (oder den Rock). Die Kanten von Hose und Bund werden aneinandergenäht. Die vordere Mitte der Hose trifft den Bruch des Bundes, die hintere Mitte des Rückteils trifft die Naht am Bundring. Alles gut feststecken.

4. Nähe den gesteckten Bund an, aber denke an eine Öffnung für das Gummiband!

5. Nun kannst du durch die Öffnung das Gummiband einziehen, das geht am besten mit einer Sicherheitsnadel.

6. Lass beide Gummibandenden durch die Öffnung herausschauen und schließe das Gummiband zum Ring. Achte darauf, dass das Gummiband nicht verdreht ist.

7. Lass das Gummiband in den Bund hinein-sinken und schließe die Öffnung. Bund nach oben klappen.

DRUCKKNÖPFE ANBRINGEN

Ein Druckknopf besteht aus 4 Teilen: 2 Teile mit Zacken (Cap), 1 Teil mit Kugelkopf (Stud) und 1 ringförmiges Teil (Socket). Dabei bilden Cap & Stud und Cap & Socket je eine Seite des Druckknopfs, die dann geschlossen werden kann. Zum Anbringen benötigst du entweder das beiliegende Werkzeug aus der Packung oder eine passende Druckknopfzange.

1. Stecke die weißen Plastikaufsätze auf die Zange oder dein Werkzeug auf.

Hinweis

Je nach Stoff bügle ein kleines Stück Bügelvlies oder Prym Power Dots zum Verstärken auf, damit der Druckknopf nicht ausreißt.

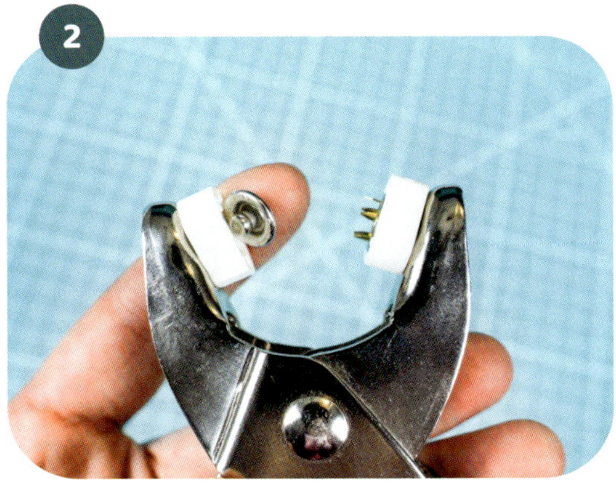

2. Lege ein Cap auf einen der Plastikaufsätze, die Zacken schauen heraus. Lege auf der anderen Seite den Stud ein. Der Kugelkopf verschwindet dabei in dem weißen Plastikaufsatz, so ist er nachher außen.

Tipp: Überprüfe genau, wie rum du den Druckknopf anbringen musst, damit er sich später auch schließen lässt. Hier passieren gern Fehler, und ein falsch herum angebrachter Knopf lässt sich nur schwer ablösen.

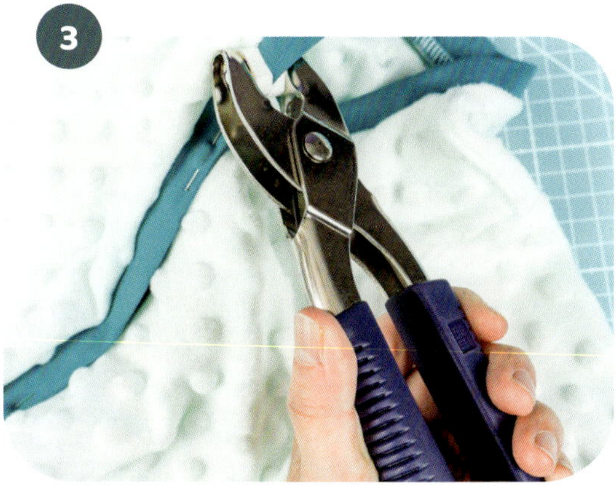

3. Den Stoff zwischen die Zange legen, den Zackenring genau auf der Markierung positionieren und die Zange fest zusammendrücken.

4. Nun wird das Gegenstück angebracht. Lege wieder ein Cap in einen der Plastikaufsätze, die Zacken schauen heraus. Lege auf der anderen Seite den Socket ein.

5. Socket und der vorher angebrachte Stud müssen einander später „ansehen". Lege den Stoff entsprechend zwischen die Zange, achte auf die Markierung und presse die Zange wieder fest zusammen.

Tipp: Verwende für Jersey und andere Maschenware unbedingt Jersey-Druckknöpfe! Diese halten auch in Webwaren gut.

AUFGESETZTE TASCHEN NÄHEN

Aufgesetzte Taschen kann man auf verschiedene Arten nähen. Eine Variation mit eingeschlagener Nahtzugabe funktioniert gut mit eckigen Taschen wie der Tasche des Cardigans TOMBOL von Seite 62. Die verstürzte Variante und die Variation mit Schrägband kann man grundsätzlich aber für alle möglichen Taschenformen anwenden.

Tipp: Die eckige Tasche des Cardigans TOMBOL kannst du z. B. auch (evtl. verkleinert) als Brusttasche auf das Shirt MANIS, Seite 32, aufsetzen oder auf den Rock BARU, Seite 46. Die in die Seitennaht laufende, vordere Tasche der Hose COCOK von Seite 40 kannst du auch auf dem Rock BARU aufbringen, sodass sie in die Seitennaht und oben an den Bund stößt.

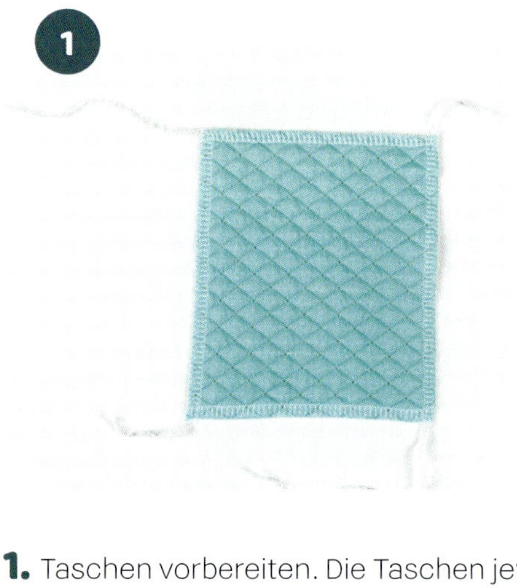

1. Taschen vorbereiten. Die Taschen jeweils rundherum versäubern und die Nahtzugaben nach hinten umbügeln.

2. Die Nahtzugabe an der Oberkante nach außen umschlagen, dann noch einmal 1,5 cm umschlagen, sodass ein schöner Abschluss entsteht. Diesen Umschlag festnähen.

AUFGESETZTE TASCHE ECKIG

Du benötigst jede Tasche 1 × aus Außenstoff, z. B. die Tasche des Cardigans TOMBOL.

3. Tasche platzieren, die Nahtzugaben zeigen nach innen, und anschließend an 3 Seiten knappkantig aufnähen.

AUFGESETZTE TASCHE VERSTÜRZT

Du benötigst jede Tasche 1 × aus Außenstoff und 1 × aus Innenstoff, z. B. die Tasche des Cardigans TOMBOL oder der Hose COCOK.

1. Je eine Tasche aus Außenstoff und Innenstoff rechts auf rechts aufeinanderlegen, rundherum feststecken und nähen. Dabei eine Wendeöffnung an der Unterkante lassen.

2. An den Ecken die Nahtzugabe schräg zurückschneiden, rundherum die Nahtzugabe einkürzen, außer an der Wendeöffnung.

3. Tasche wenden und gut bügeln, die Nahtzugabe an der Wendeöffnung wird dabei nach innen eingeschlagen.

4. Tasche platzieren und an 3 Seiten knappkantig aufnähen. Dabei wird die Wendeöffnung verschlossen. Der Eingriff bleibt offen.

AUFGESETZTE TASCHE MIT SCHRÄGBAND

Du benötigst jede Tasche 1 × aus Außenstoff, z. B. die Tasche des Cardigans TOMBOL oder von der Hose COCOK, sowie Schrägband.

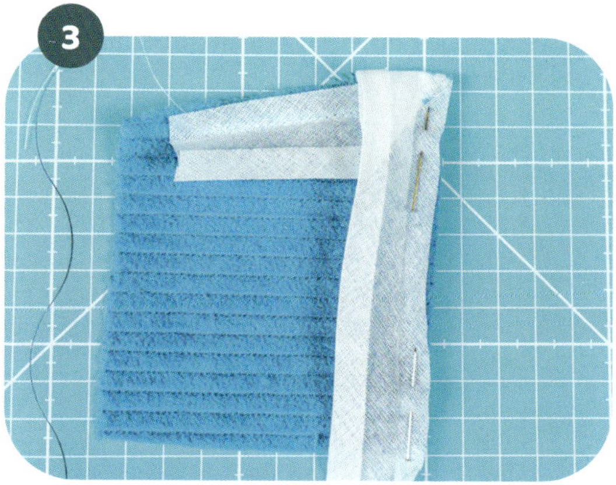

1. Beginne mit dem Einfassen an der Mitte einer geraden Seite und lass etwas Schrägband am Anfang überstehen. Nähe entlang der Falz bis kurz vor der Ecke. Der Abstand zur Ecke sollte eine Nahtzugabe groß sein.

2. Klappe nun das Schrägband nach oben weg.

3. Dann nach unten klappen. Beginne die Naht genau an dem Punkt wieder, an dem du vorhin aufgehört hast. Nähe diese Seite nun wieder bis kurz vor der Ecke und verarbeite so alle 4 Ecken.

4. Wenn du alle Ecken rundherum so gearbeitet hast, geht es nun darum, Anfang und Ende des Schrägbands schön zu verbinden.

5. Klappe dazu die Tasche zusammen, sodass Anfang und Ende des Schrägbandes aufgeklappt übereinanderliegen, und nähe sie zusammen.

6. Nun kannst du das Schrägband um die Kante herumschlagen, dabei die Ecken gut ausformen und alles von rechts durch alle Lagen hindurch absteppen.

Hinweis

Schrägband lässt sich auch gut selbst herstellen. Dazu Stoffstreifen aus deinem Wunschstoff im 45°-Winkel zur Webkante zuschneiden. Die Streifen müssen doppelt so breit sein wie das fertige Schrägband. Die langen, äußeren Kanten nun jeweils bis zur Mitte des Stoffstreifens falten und gut bügeln. Einfacher geht dieser Schritt mit einem Schrägbandformer. Lass das Schrägband anschließend gut auskühlen.

SHIRT Keren

Dieses Shirt im Fake-Lagenlook ist wunderbar wandelbar, extrem lässig und kann immer wieder neu interpretiert werden. Schon kleine Stoffreste können für die seitlichen Keile verwendet werden, sodass ein bunter Mustermix entsteht.

Stoff

- Nicht zu dicke, gut dehnbare Stoffe wie Jersey, elastischer (Sommer-) Sweat, Nicki

Material

- **Größe 50–74:** Hauptstoff für VT, RT und Ärmel: 40 cm, Kombistoff für die seitlichen Einsätze: 35 cm, Bündchenware: 10 cm
- **Größe 80–104:** Hauptstoff für VT, RT und Ärmel: 55 cm, Kombistoff für Seitenteil: 45 cm, Bündchenware: 10 cm

Zuschnitt

- Alle Schnittteile mit 0,7–1 cm NZ und mit 2–4 cm Saumzugabe zuschneiden (SB 4).
- **1 × Vorderteil** im Bruch, mit Saumzugabe
- **1 × Rückteil** im Bruch, mit Saumzugabe
- **2 × Seitenteil** gegengleich, mit Saumzugabe
- **2 × Ärmel** gegengleich, mit Saumzugabe
- **2 × Ärmelansatz** gegengleich, mit Saumzugabe
- **1 × Halsbündchen** im Bruch

Info

Auch kleinere Stoffreste können endlich aufgebraucht werden, nämlich für die seitlichen Einsätze oder die Ärmel.

Tipp

Lässt du die Ärmelansätze weg, erhältst du ein kurzärmeliges T-Shirt!

So geht's

1

3

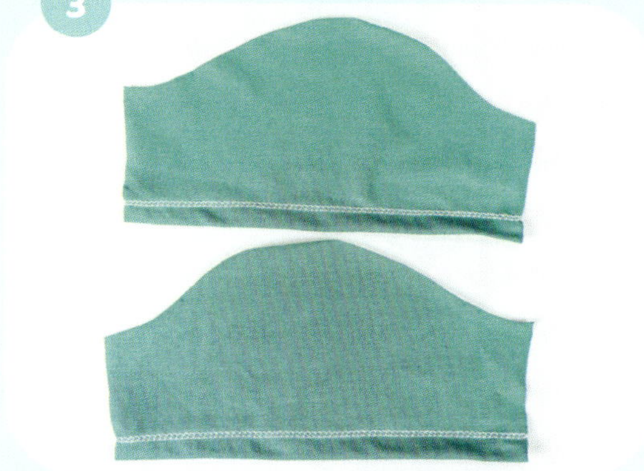

2

4

1. Seitenteile annähen. Dazu je ein Seitenteil rechts auf rechts auf das Vorderteil legen, feststecken und zusammennähen.

2. Schultern schließen. Das Vorder- und Rückteil rechts auf rechts aufeinanderlegen, feststecken und die Schulternähte schließen.

Tipp: Du kannst die Schulternaht von rechts absteppen, so legt sich die Nahtzugabe schön flach. Klappe dazu die Nahtzugabe zum Rückteil und nähe mit (elastischen) Geradstich knapp neben der Naht die Nahtzugabe fest.

3. Für den Fake-Lagenlook zuerst die kurzen Ärmel säumen. Dazu die Saumzugabe einschlagen und von rechts absteppen.

4. Ärmelansatz ein Stück unter den kurzen Ärmel schieben, sodass die rechten Seiten zu sehen sind. Dann auf der Saumnaht von rechts durch alle Lagen durchsteppen.

5

7

6

8

5. Ärmel einnähen. Ärmel rechts auf rechts in das Armloch legen und feststecken. Markierungen beachten! Dann den Ärmel annähen.

6. Seiten schließen. Lege das Vorder- und Rückteil rechts auf rechts aufeinander. Stecke und nähe die Seiten bis hoch zu den Ärmeln zusammen. Die Markierungen an Ärmeln und Seitennähten (Seitenteil zu Rückteil) sollten sich jeweils treffen. Wichtig: Unter dem Arm treffen Vorder- und Rückteil sowie der seitliche Keil und der Ärmel aufeinander. Daher solltest du in diesem Bereich sehr sorgfältig stecken.

7. Saumzugabe an Ärmel und Bauch einschlagen, bügeln und von rechts absteppen.

8. Halsbündchen annähen. Beachte dazu die Anleitung auf Seite 18.

SHIRT Manis

Die angeschnittenen Ärmel geben dem Shirt eine lässige Bequemlichkeit, sodass sich die Kleinen pudelwohl fühlen können. Der runde Halsausschnitt, der im Rücken etwas tiefer geht, lässt auch kleine Dickköpfe gut ins Shirt schlüpfen.

Stoff

- Dehnbare Stoffe wie Jersey, elastischer (Sommer-)Sweat, weiche Strickstoffe, Nicki

Material

- Zuschnitt als 1 Schnittteil im Bruch:
  Größe 56–80: 80 cm
  Größe 86–98: 1 m
- Zuschnitt als 2 Schnittteile mit Schulternaht:
  Größe 56–80: 50 cm
  Größe 86–98: 1 m
- Bündchenstoff: 20 cm

Zuschnitt

- Alle Schnittteile mit 0,7–1 cm NZ zuschneiden (SB 4).
- **1 × Vorderteil/Rückteil** im Bruch oder 2 × einzeln
- **2 × Ärmelbündchen**
- **1 × Halsbündche**n im Bruch
- **1 × Saumbündchen** im Bruch

Info

Durch die Weite wächst das Shirt lange mit.

Video

Hinweis

Der Clou:
Das Babyshirt MANIS kann an der Schulternaht im Bruch zugeschnitten werden. So geht das Nähen blitzschnell!

Shirt Manis

So geht's

1

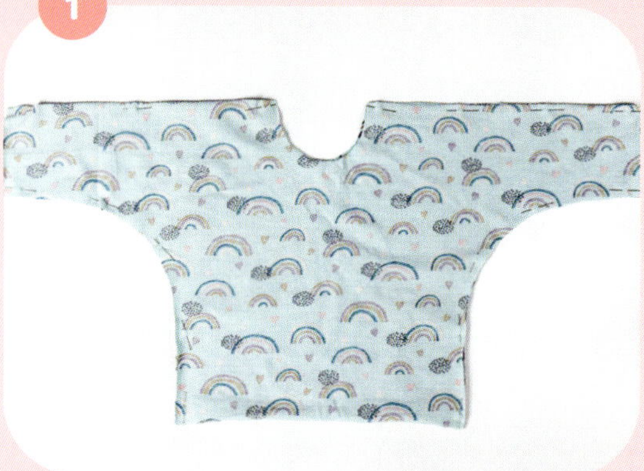

3

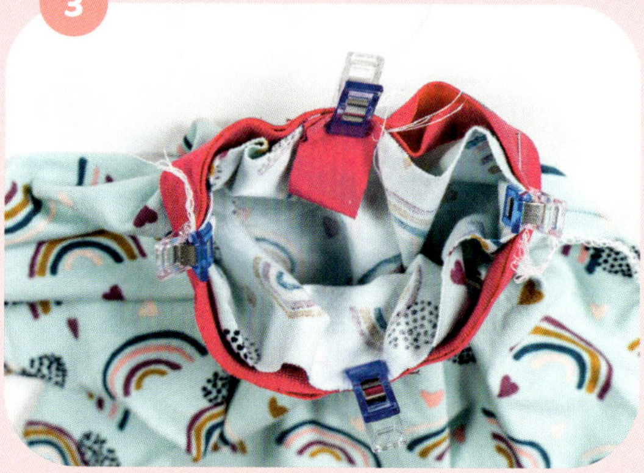

2

4

1. Schulter-/Ärmelnaht schließen. Lege beide Teile mit den rechten Stoffseiten aufeinander und nähe beide oberen Schulter-/Ärmelnähte mit einem elastischen Stich zusammen. Wenn im Bruch zugeschnitten wurde, entfällt dieser Schritt.

2. Seitennähte schließen. Lege das Shirt rechts auf rechts aufeinander. Stecke und nähe die Seite bis hoch zum Ärmelsaum zusammen. Den Schritt auf der anderen Seite wiederholen. Die Markierungen am Ärmel und den Seiten (Vorder- zu Rückteil) sollten sich jeweils treffen.

3. Halsbündchen annähen. Beachte dazu die Anleitung auf Seite 18.

4. Bündchen an den Ärmeln und unten am Bauch annähen. Beachte dazu die Anleitung auf Seite 18.

Hinweis

Keine Lust auf Bündchen? Du kannst die Ärmel und den Saum auch mit Saumzugaben versehen und säumen nach Anleitung auf Seite 15.

HOSE Ras

Eine Hose aus einem einzigen Schnittteil! Die Hose RAS ist eine gerade geschnittene, sehr bequeme Hose, die immer passt, egal ob (Stoff-)Windelpopo oder gar windelfrei.

Stoff

- Dehnbare Stoffe wie Jersey, (Sommer-)Sweat, Nicki

Material

- **Größe 50–68:** Hauptstoff: 40 cm
- **Größe 74–92:** Hauptstoff: 50 cm
- **Größe 98–104:** Hauptstoff: 70 cm
- Bündchenstoff: 30 cm

Zuschnitt

- Alle Schnittteile mit 0,7–1 cm NZ zuschneiden (SB 2).
- **1 × Hosenteil** im Bruch
- **2 × Beinbündchen**
- **1 × Bündchen** im Bruch

Info

Durch den lockeren Schnitt wächst die RAS mindestens 2 Größen mit und kann später noch als kurze Hose getragen werden, sodass sich die Nutzungsdauer stark verlängert.

Video

Hinweis

Du kannst doppelt so lange Bündchen an den Beinen anbringen, die zunächst umgeschlagen werden und dann mitwachsen.

So geht's

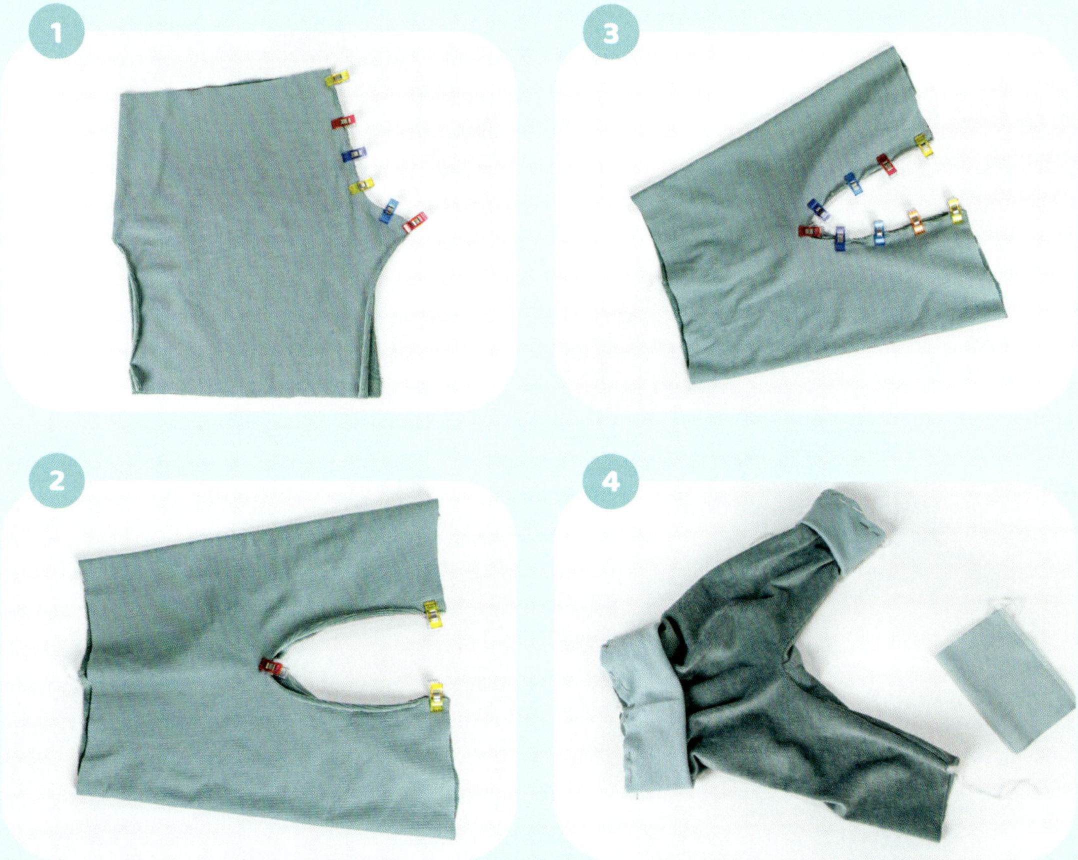

1. Klappe die Hose so zusammen, wie du sie zugeschnitten hast, rechts auf rechts, und stecke die Kante gegenüber dem Stoffbruch bis zu der Spitze zusammen. Nähe diese Naht. Das ist die hintere Po-Naht.

2. Falte den Stoff dann so, dass Bruch und die eben genähte Naht aufeinanderliegen. Stecke die Stelle, an der vordere Mitte/Stoffbruch auf die hintere Naht trifft, mit einer Stecknadel zusammen. Jetzt ist die Hose schon zu erkennen. Stecke als Nächstes die Beinenden unten jeweils aufeinander.

3. Stecke nun die restliche Innenseite der Beine fest und nähe diese Innenbeinnaht in einem Zug von einem Bein zum anderen.

4. Bündchen an Beinen und am Bauch annähen. Beachte dazu die Anleitung auf Seite 18.

HOSE Cocok

Eine bequeme Schlupfhose mit Taschen, die lässig oder schick genäht werden kann! Der Hosenbund wird mit einem Gummiband auf die passende Weite gebracht.

Stoff

- Kann aus allen Stoffen mit etwas Stand genäht werden, z. B. Twill, Popeline, Sweat, Leinen, Cord oder Denim.

Material

- **Größe 50–74:** Hauptstoff: 60 cm; Gummiband: 4 cm breit, Länge entsprechend des Taillenumfangs + 2 cm, Futter für Taschen: 20 cm
- **Größe 80–104:** Hauptstoff: 75 cm; Gummiband: 4 cm breit, Länge entsprechend des Taillenumfangs + 2 cm, Futter für Taschen: 20 cm

Zuschnitt

- Alle Schnittteile mit 0,7–1 cm NZ zuschneiden. An Vorder- und Rückteil je 2–4 cm Saumzugabe zugeben (SB 1, 2).
- **2 × Vorderteil** gegengleich, mit Saumzugabe
- **2 × Rückteil** gegengleich, mit Saumzugabe
- **1 × Bund** im Bruch aus Hauptstoff
- **2 × Po-Taschen** gegengleich aus Hauptstoff
- **2 × Po-Taschen** gegengleich aus Innenstoff
- **2 × aufgesetzte Tasche** gegengleich aus Hauptstoff
- **2 × aufgesetzte Tasche** gegengleich aus Innenstoff

Hinweis

Den Schnitt gibt es auch in einer kurzen Variante!

Info
Die Hose COCOK kann aus einer Jeans oder einem Herrenhemd upgecycelt werden. Auch als „Hochwasserhose" ist sie noch up to date, oder man macht direkt eine kurze Sommerhose daraus.
Hose Cocok

So geht's

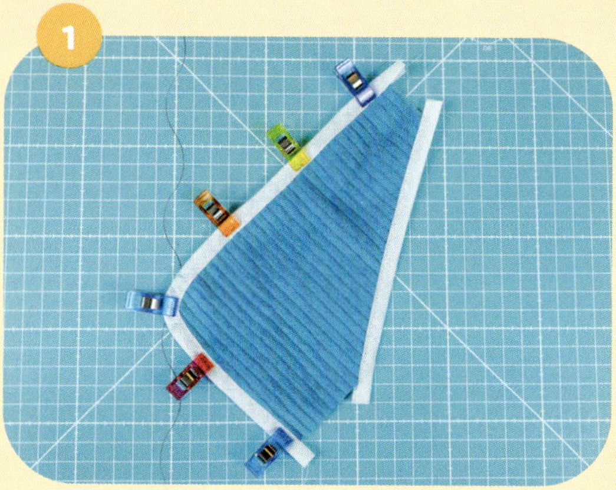

1. Vordertaschen und Po-Tasche mit Schrägband einfassen, siehe dazu die Anleitungen auf Seite 16 und Seite 26.

2. Taschen auf Vorderhose nähen. Stecke die Tasche entlang der Markierung je auf das passende Vorderteil. Nähe die Tasche auf das Vorderteil, knapp an der Kante entlang. Dabei wird die Wendeöffnung verschlossen. Achtung: Den Tascheneingriff nicht annähen! Verfahre mit der zweiten Tasche genauso.

3. Stecke die Po-Tasche entlang der Markierung je auf das passende Rückteil. Nähe die Tasche auf das Rückteil, knapp an der Kante entlang. Achtung: Den Tascheneingriff nicht annähen! Verfahre anschließend mit der zweiten Po-Tasche genauso.

4. Versäubere nun an beiden Vorderteilen die vordere Schrittnaht mit dem Hosenschlitz-Teil. Versäubere alle übrigen offenen Kanten an Vorder- und Rückteil, sie werden

5

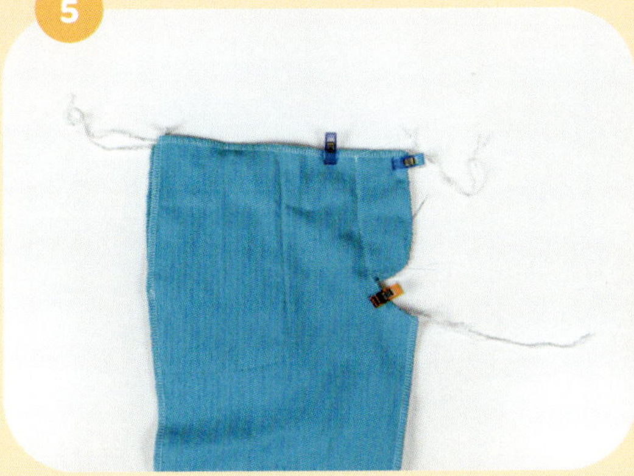

7

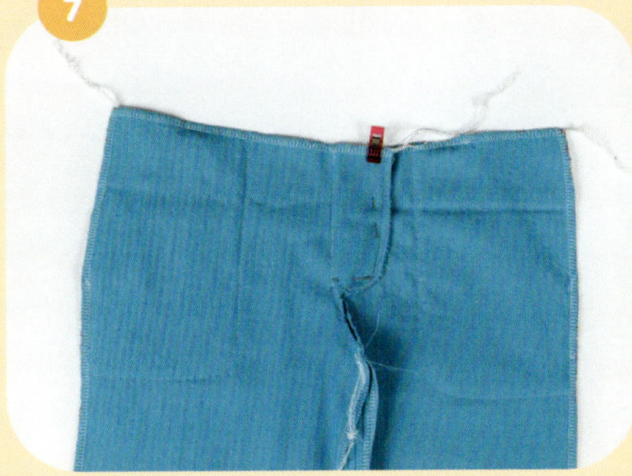

6

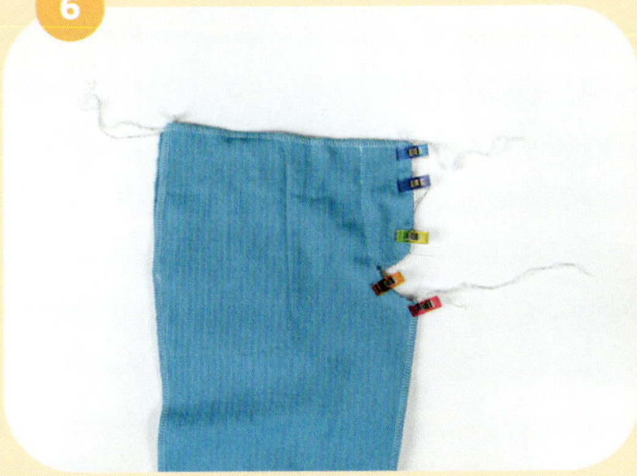

8

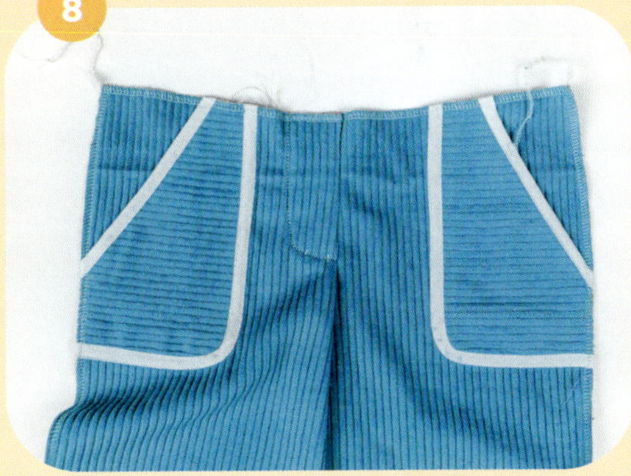

später mit Geradstich der Nähmaschine zusammengenäht.

5. Fake-Hosenschlitz vorbereiten. Lege die beiden Vorderteile rechts auf rechts aufeinander und stecke sie zusammen. Hefte mit einem langen Stich (Stichlänge 5) die Gerade bis zur Schrittnaht, um beim Bügeln mehr Halt zu haben.

6. Fake-Hosenschlitz nähen. Nähe den Fake-Hosenschlitz und die untere Schrittnaht der Vorderteile zusammen.

7. Bügle die Schrittnaht von der rechten Seite und lege den Eingriff dabei auf eine Seite um.

8. Steppe nun den Fake-Hosenschlitz von rechts ab. Als Orientierungshilfe kannst du dir auch das Schnittmuster auf der rechten Seite aufzeichnen.

weiter geht's

9
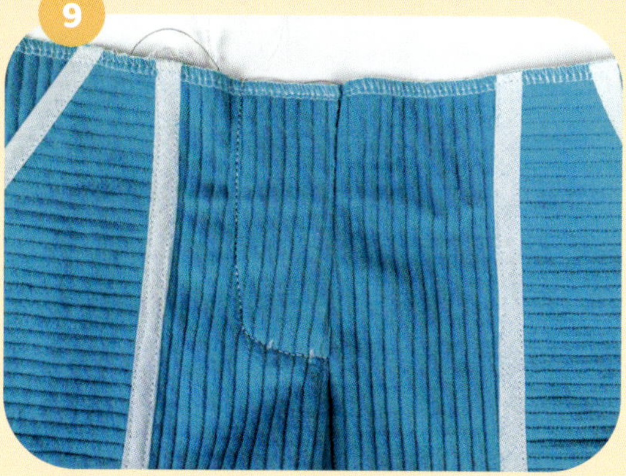

11

10

12

9. Hefte den falschen Eingriff oben innerhalb der Nahtzugabe mit einigen Stichen zusammen, damit dieser an Ort und Stelle bleibt, wenn du später den Bund annähst.

10. Entferne nun die Heftfäden, die du in Schritt 6 genäht hast, sodass der Fake-Hosenschlitz sich „öffnen" lässt.

11. Hintere Schrittnaht nähen. Lege die Rückteile rechts auf rechts aufeinander, stecke und nähe die hintere Schrittnaht.

12. Lege Vorder- und Rückteil rechts auf rechts aufeinander. Stecke und nähe die Seitennähte auf beiden Seiten. Danach wird die Innenbeinnaht geschlossen.

Die kurze Variante der Hose COCOK

13. Nähe den angesetzten Bund für den Gummizug an, beachte dazu die Anleitung auf Seite 20.

14. Säume die Hose. Beachte dazu die Anleitung auf Seite 15. Krempe dann die Hose einmal nach außen um. Den Umschlag kannst du an den Seiten mit einigen Handstichen fixieren.

ROCK Baru

Ein leicht ausgestellter Rock für bunte Prinzessinnen, wilde Räuberinnen und kleine Trendsetter. Mit bequemem Bündchen oben und viel Platz für Verzierungen ist der knielange Rock BARU für jede Situation das richtige Kleidungsstück.

Stoff

- Kann aus allen Stoffen genäht werden, von Jersey über Stepp- und Blusenstoffe bis Denim und Cord.

Material

- **Größe 50–74:** Hauptstoff: 30 cm, Bündchenware: 15 cm
- **Größe 80–104:** Hauptstoff: 35 cm, Bündchenware: 15 cm

Zuschnitt

- Alle Schnittteile mit 0,7–1 cm NZ zuschneiden. An Vorder- und Rückteil je 2–4 cm Saumzugabe zugeben (SB 3).
- **1 × Vorderteil** im Bruch, mit Saumzugabe
- **1 × Rückteil** im Bruch, mit Saumzugabe
- **1 × Bündchen** im Bruch aus Bündchenware

Info

Erst knielang, später etwas kürzer, so wächst dieser Rock lange mit. Er kann auch aus einer Bluse oder einem Hemd genäht werden, dann bleibt vorne die Knopfleiste einfach bestehen! Aber auch aus Jeans oder T-Shirts kann der Rock genäht werden.

Hinweis

Schneide den Rock nicht im Bruch zu, sondern 4 einzelne Teile (2 halbe Vorderteile und 2 halbe Rückteile) aus verschiedenen Stoffen. So kannst du ein kunterbuntes Patch-Röckchen nähen.

Rock Baru

So geht's

1

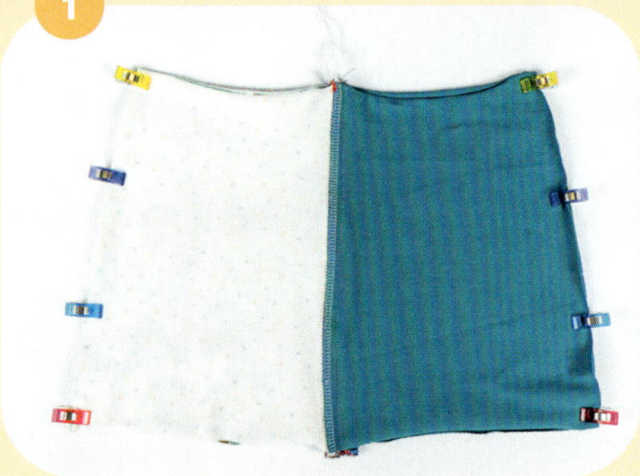

Hinweis

Bündchen zu weich, bietet zu wenig Halt? Nähe das Bündchen nicht komplett an, sondern lass eine Öffnung, um ein breites Gummiband einzuziehen.

2

1. Lege das Vorderteil rechts auf rechts auf das Rückteil, stecke und nähe beide Seitennähte zusammen. Versäubere die Nahtzugaben anschließend auf beiden Seiten.

2. Nähe das Bündchen oben am Rock an, wie auf Seite 18 beschrieben.

3. Säume den Rock oder nähe eine Borte unten an.

Hinweis

Wenn du ein Hemd oder eine Bluse upcycelst, dann nähe die Knopfleiste zu, indem du einmal neben den Knöpfen entlangnähst.

KLEID Atas

Ein Kleid mit leicht gekräuselt angesetztem Rockteil, das zipfelig fällt und für einen verspielten „Feen-Look“ sorgt. Perfekt für kleine Elfen und freche Räubertöchter!

Stoff

- Jersey für das Oberteil, für das Rockteil leichte Stoffe wie Jersey, Viskose Jersey, Viskose Webware, Musselin, Spitze, Batist und Voile.

Material

- **Größe 50–74:** Stoff für das Oberteil: 30 cm, Stoff für das Rockteil: 70 cm, Bündchenware: 10 cm
- **Größe 80–104:** Stoff für das Oberteil: 40 cm, Stoff für das Rockteil: 1 m, Bündchenware: 10 cm

Zuschnitt

- Alle Schnittteile mit 0,7–1 cm NZ zuschneiden. An Rockteil und Ärmeln je 2–4 cm Saumzugabe zugeben (SB 1, 3).
- **1 × Vorderteil**
  im Bruch
- **1 × Rückteil**
  im Bruch
- **1 × Halsbündchen**
  im Bruch
- **2 × Ärmel**
  gegengleich, mit Saumzugabe
- **1 × Rock**
  im Bruch (oder 2 × einzeln), je mit Saumzugabe

Info

Das Kleid ATAS wächst lange mit: Erst ist es ein Kleid, später eine Tunika. Das Oberteil kann aus einem (zu kurz gewordenen) Shirt upgecycelt werden, für das Rockteil kannst du sogar eine Tischdecke oder einen Vorhang benutzen.

So geht's

1. Schulternähte schließen. Lege dazu das Vorderteil rechts auf rechts auf das Rückteil, stecke und schließe die Schulternähte.

2. Ärmel annähen. Lege das Vorder- und Rückteil ausgebreitet hin. Lege den Ärmel rechts auf rechts an das Armloch, die Schultermarkierung trifft die Schulternaht. Achte darauf, dass der richtige Ärmel an die richtige Seite kommt! Stecke fest und nähe den Ärmel an.

3. Seitennähte schließen. Stecke das Shirt aufeinander, die rechten Seiten innen. Nähe nun die Seite bis hoch zum Ärmelsaum. Den Schritt auf der anderen Seite wiederholen. Die Markierungen am Ärmel und den Seiten (Vorder- zu Rückteil) sollten sich jeweils treffen.

4. Halsbündchen annähen. Beachte dazu die Anleitung auf Seite 18.

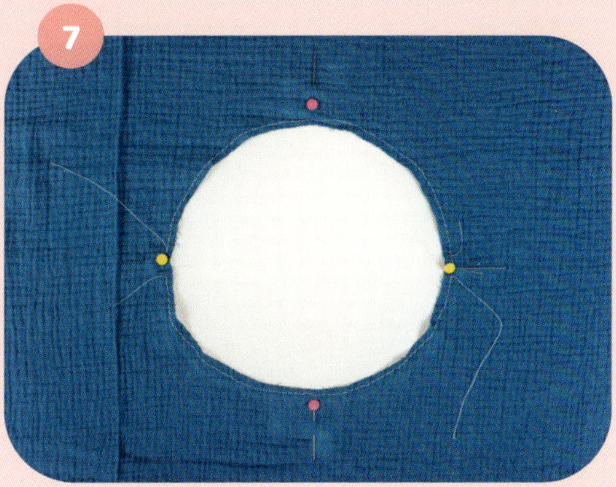

Tipp

Nähe zwei getrennte Nähte zum Kräuseln, jeweils den halben Ausschnitt entlang. Dann lässt sich die Mehrweite in Falten leichter verteilen.

5. Ärmel säumen. Beachte dazu die Anleitung auf Seite 15.

6. Wenn du den Rock nicht im Bruch zugeschnitten hast, dann schließe jetzt die Seitennähte am Rock.

7. Rock kräuseln. Ziehe den Ober- und Unterfaden etwas heraus, bevor du anfängst zu nähen. Nähe mit großer Stichlänge und an der Kante des Kreisausschnitts entlang. Verriegle die Naht an Anfang und Ende nicht, sondern lass die Fäden lang stehen.

8

10

9

11

8. Ziehe dann vorsichtig an den Fäden, sodass der Stoff sich einkräuselt. Verteile die kleinen Falten gleichmäßig. Kräusele so weit ein, bis die Rundung genau an das Oberteil passt. Es wird nur ein bisschen gekräuselt, nicht sehr stark. Knote dann die Fäden auf jeder Seite zusammen, sodass sich die Kräuselung nicht mehr lösen kann.

9. Rock annähen. Stecke das Oberteil rechts auf rechts in den Rock hinein und nähe das Rockteil an das Oberteil. Versäubere die Naht gegebenenfalls.

10. Briefecken an den Rockzipfeln nähen. Zeichne die Saumzugabe an den Ecken ein (im Beispiel 3 cm).

11. Zeichne auf der linken Stoffseite eine diagonale Linie durch den Schnittpunkt. An der wird gleich entlanggenäht.

12. Falte aber zuvor die Ecke und nähe anschließend die diagonale Linie mit einigen Stichen entlang.

13. Schneide die Spitze zurück.

14. Falte die Ecke auf und forme die Spitze gut aus.

15. Rock säumen.

Hinweis

Statt den Rock zu säumen, kannst du auch eine Borte oder Spitzenband als Abschluss annähen. Je nach Höhe musst du gegebenenfalls den Rock ein Stück kürzen.

JUMPSUIT Suka

Ein gemütlicher Schlafanzug ist der Einteiler SUKA. Die Knopfleiste geht durch bis zu den Beinen, das ist besonders praktisch beim Wickeln.

Stoff

- Dehnbare Stoffe wie Jersey, Nicki, elastischer (Sommer-)Sweat.

Material

- **Größe 50–74:** Hauptstoff: 65 cm, Jersey als Knopfleiste: 15 cm, Bündchenware: 20 cm
- **Größe 80–104:** Hauptstoff: 90 cm, Jersey als Knopfleiste: 15 cm, Bündchenware: 25 cm
- **Alle Größen:** ca. 9–18 Druckknöpfe

Zuschnitt

- Alle Schnittteile mit 0,7–1 cm NZ zuschneiden (SB 2, 3).
- **2 × Vorderteil** gegengleich aus Hauptstoff
- **1 × Rückteil** im Bruch aus Hauptstoff
- **1 × Zwickel** im Bruch aus Hauptstoff
- **1 × Knopfleiste** im Bruch oder 2 × einzeln und zusammennähen
- **1 × Knopfleiste Beine**
- **2 × Ärmel** aus Hauptstoff
- **2 × Ärmelbündchen** aus Bündchenware
- **2 × Beinbündchen** aus Bündchenware

Info

Weil der Einteiler keine angenähten Füßchen hat, wächst er länger mit. Der Jumpsuit kann auch aus einem ausrangierten Jersey-Spannbettlaken genäht werden!

Jumpsuit Suka

So geht's

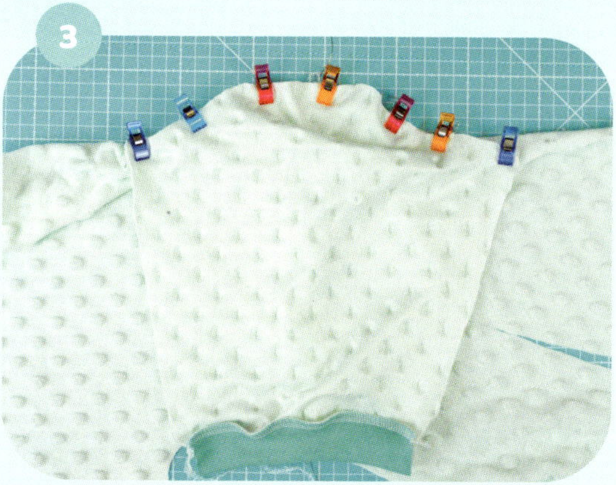

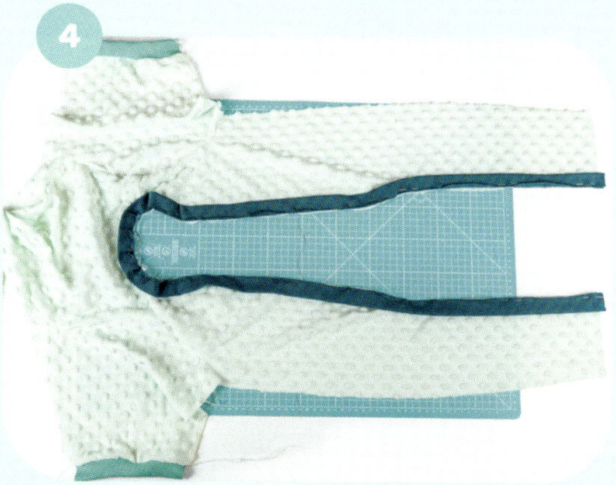

1. Zwickel annähen. Lege den Zwickel rechts auf rechts auf das Rückteil. Achte darauf, dass der Zwickel richtig herum ist. Die Mitte des Zwickels trifft auf die Mitte zwischen den Beinen. Dann stecke den Zwickel von der Mitte ausgehend fest und nähe ihn an.

2. Schulternähte schließen. Lege dazu die beiden Vorderteile rechts auf rechts auf das Rückteil, stecke und schließe die Schulternähte.

3. Ärmel annähen. Lege das Vorder- und Rückteil ausgebreitet hin. Lege den Ärmel rechts auf rechts an das Armloch, die Schultermarkierung trifft die Schulternaht. Achte darauf, dass der richtige Ärmel an die richtige Seite kommt. Stecke und nähe den Ärmel an.

4. Knopfleiste annähen. Falte die lange Knopfleiste der Länge nach und nähe sie wie ein Bündchen an. Der Bruch trifft die rückwärtige Mitte des Ausschnitts, dann die Knopf-

5

7

6

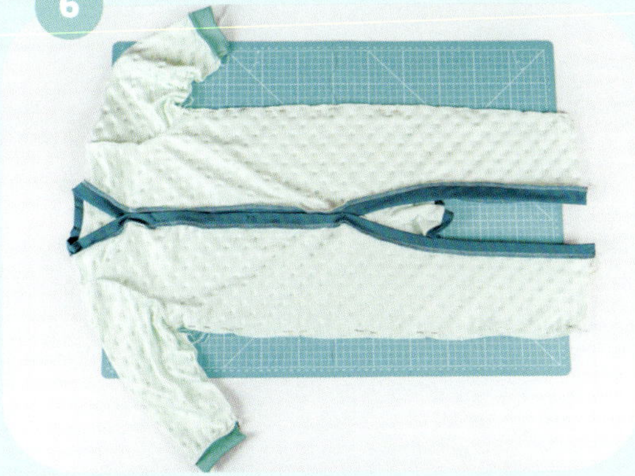

Hinweis

Du kannst die Knopfleiste auch 2 × zuschneiden und dann aneinandernähen. Die Naht kommt dann einfach in die rückwärtige Mitte am Ausschnitt.

leiste nach unten zu den Beinen hin feststecken. In der Rundung des Ausschnitts kannst du die Knopfleiste leicht dehnen, ansonsten wird sie ungedehnt angenäht.

5. Verfahre genauso mit der kürzeren Knopfleiste für die Beine am Rückteil des Jumpsuits. Sie läuft das Bein hinauf, über den Zwickel, und am anderen Bein hinunter.

6. Schließe die beiden Seitennähte. Vom Ärmel, über die Seite, bis hinunter zum Bein.

7. Lege an der Innenseite des Beins die Knopfleisten übereinander. Steppe sie am Beinende mit einigen Stichen in der Nahtzugabe aufeinander. So kannst du das Bündchen gleich besser annähen.

weiter geht's

8

10

9

Tipp

Die Bündchen in den kleinen Größen anzunähen, kann mühselig sein. Dafür gibt es einen praktischen Tipp, diesen findest du unten als Video.

8. Nähe die Bündchen an die Beine, beachte dazu die Anleitung auf Seite 18. Die Bündchen sind geschlossen, die Knopfleiste lässt sich also bis zum Bündchen öffnen.

9. Nähe die Bündchen an die Ärmel, beachte dazu die Anleitung auf Seite 18.

10. Bringe die Druckknöpfe an, beachte dazu die Anleitung auf Seite 22.

Video

Jumpsuit Suka

CARDIGAN Tombol

Dieser lässige Cardigan hält kleine Hipster und Prinzessinnen gleichermaßen warm. Die Länge ist darauf ausgelegt, dass beim Sitzen der Rücken auch noch gut bedeckt ist.

Stoff

- Etwas dickere, aber dehnbare Stoffe wie (Sommer-)Sweat, Strick, Jersey-Stepper oder Jaquardstrick.

Material

- **Größe 50–74:**
  Hauptstoff: 60 cm,
  Tasche: 15 cm, Bündchenware: 10 cm
- **Größe 80–104:**
  Hauptstoff: 75 cm,
  Tasche: 15 cm, Bündchenware: 10 cm
- **Alle Größen:**
  4–7 Knöpfe/Druckknöpfe,
  ggf. Bügelvlies für die Knopfleiste

Zuschnitt

- Alle Schnittteile mit 0,7–1 cm NZ zuschneiden. An den Ärmeln und an Vorder- und Rückteil je 2–4 cm Saumzugabe geben (SB 1).
- **2 × Vorderteil**
  gegengleich, mit Saumzugabe
- **1 × Rückteil**
  im Bruch, mit Saumzugabe
- **2 × Ärmel**
  gegengleich, mit Saumzugabe
- **2 × Taschen**
  oben mit 2 cm Zugabe zum Umschlagen
- **1 × Halsbündchen**
  im Bruch

Info

Durch die lässige Weite und Länge und die überschnittenen Schultern wächst der Cardigan lange mit.

Hinweis

Doubleface-Stoffe kommen bei dem Cardigan gut zur Geltung!

Cardigan Tombol

So geht's

1. Taschen vorbereiten nach der Anleitung auf Seite 24. Taschen anhand der Markierungen auf den beiden Vorderteilen platzieren und an 3 Seiten knappkantig aufnähen. Der Eingriff bleibt offen.

2. Knopfleiste vorbereiten. Die angeschnittene Knopfleiste jeweils mit aufbügelbarem Vlies (siehe Seite 9) verstärken, damit die Knöpfe später gut halten. Die die Kante dann (mitsamt dem aufbügelbaren Vlies) versäubern.

3. Schulternähte schließen. Lege dazu die Vorderteile rechts auf rechts auf das Rückteil, stecke und schließe die Schulternähte.

Tipp: Schulternaht absteppen. Klappe dazu die Nahtzugabe zum Rückteil und nähe sie von rechts mit einem (elastischen) Geradstich knapp neben der Verbindungsnaht fest.

4. Ärmel annähen. Lege das Vorder- und Rückteil ausgebreitet vor dich. Lege den Ärmel

5

6

7

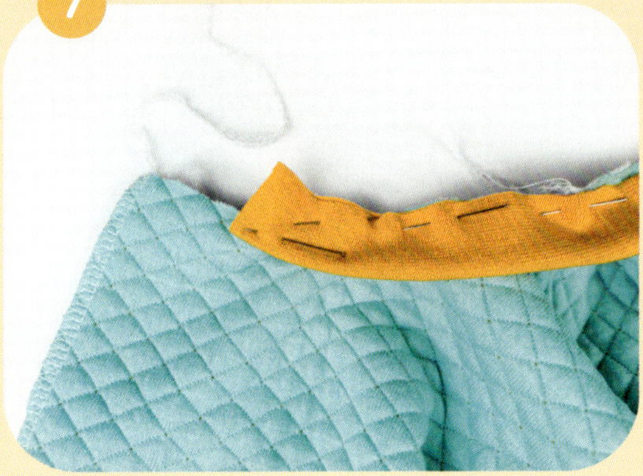

8

rechts auf rechts an das Armloch, die Schultermarkierung trifft die Schulternaht. Achte darauf, dass der richtige Ärmel an die richtige Seite kommt! Stecke und nähe den Ärmel an.

5. Seitennähte schließen. Stecke den Cardigan ordentlich aufeinander, die rechten Seiten innen. Nähe die Seite bis hoch zum Ärmelsaum. Den Schritt auf der anderen Seite wiederholen. Die Markierungen am Ärmel und den Seiten (Vorder- zu Rückteil) sollten sich jeweils treffen.

6. Halsbündchen längs falten und mit der offenen Kante an den Ausschnitt stecken.

7. Hier darauf achten, dass das Bündchen mit der Markierung abschließt und das Bündchen schräg herauslaufen lassen.

8. Bündchen annähen und nach oben klappen.

9

11

10

12

9. Die übrige Nahtzugabe neben dem Bündchen nach unten umbügeln und anschließend die Knopfleisten an beiden Vorderteilen an der Linie nach links umklappen.

10. Stecke die eingeschlagene Knopfleiste auf ganzer Länge und nähe sie fest.

11. Ärmel säumen. Beachte dazu die Anleitung auf Seite 15.

12. Cardigan säumen. Beachte dazu die Anleitung auf Seite 15. Bringe als letztes die Druckknöpfe an. Beachte dazu die Anleitung auf Seite 22.

Hinweis

Bei einem Doubleface-Stoff kannst du die Saumzugabe nach rechts umschlagen und erhältst so einen tollen Look!

LATZHOSE Satu

Eine praktische Latzhose in bequemer Weite ist SATU.
So können die Kleinen mutig die Welt entdecken!

Stoff

- Webwaren wie Musselin, Popeline, Leinen, Jeans, Cord

Material

- **Größe 50–74:** Hauptstoff: 60 cm, Stoff für Belege: 20 cm, Bündchenware: 25 cm
- **Größe 80–104:** Hauptstoff: 90 cm, Stoff für Belege: 25 cm, Bündchenware: 20 cm
- **Alle Größen:** 2 Knöpfe/Druckknöpfe/ Latzhosenschnallen

Zuschnitt

- Alle Schnittteile mit 0,7–1 cm NZ zuschneiden (SB 3).
- **1 × Vorderteil** im Bruch
- **1 × Rückteil** im Bruch
- **1 × Rückteil Beleg** im Bruch
- **1 × Vorderteil Beleg** im Bruch
- **2 × Träger**
- **2 × Beinbündchen**

Info

Die Hose wächst durch die variablen Träger lange mit. Außerdem kannst du die Latzhose auch aus zwei Jeans upcyceln.

Hinweis

Für eine aufgesetzte Tasche einfach eine Tasche nach dem Schnittmuster Cardigan TOMBOL zuschneiden und vorne auf den Latz aufsetzen!

So geht's

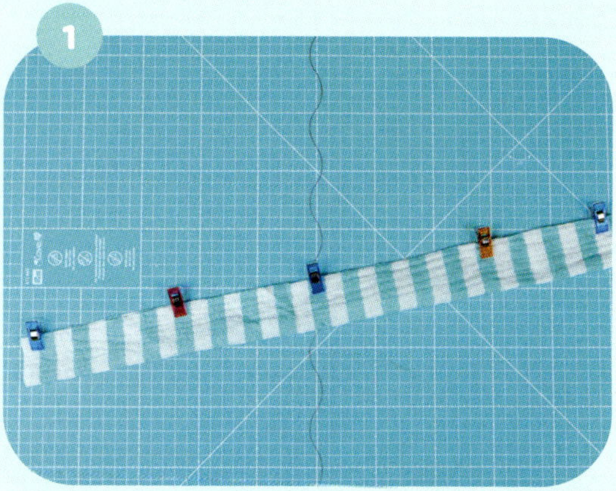

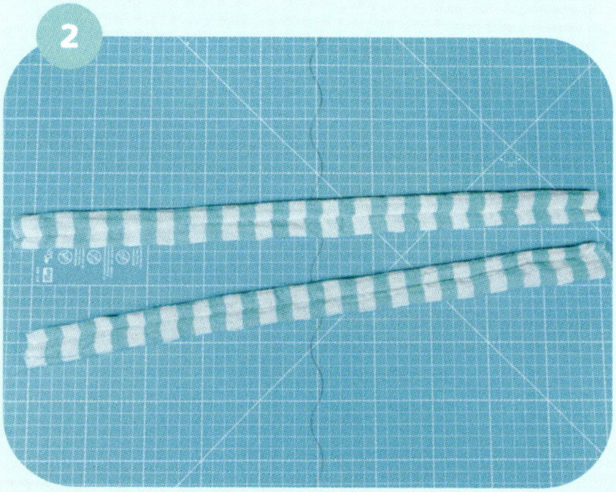

1. Träger vorbereiten. Träger jeweils rechts auf rechts zusammenlegen und die lange Seite stecken und nähen.

2. Träger durch eine Seite auf rechts wenden und bügeln, die Seiten bleiben vorerst offen.

3. Beleg vorne rechts auf rechts auf das Vorderteil der Hose legen. Die obere Kante komplett stecken und nähen. Je nach Stoff die Nahtzugabe zurückschneiden oder versäubern (bei Musselin zu empfehlen).

4. Auf rechts wenden und gut bügeln. Die Naht bildet dabei die Kante.

5. Träger, nach unten zeigend, auf die rechte Seite des Rückteils platzieren, dabei bleibt zur Seite die Nahtzugabe frei. Träger stecken und in der Nahtzugabe mit einigen Stichen fixieren.

6. Den Rückteil-Beleg rechts auf rechts auf das Rückteil legen. Die fixierten Träger liegen dazwischen. Die obere Kante komplett stecken und nähen. Je nach Stoff die Nahtzugabe zurückschneiden oder versäubern (bei Musselin zu empfehlen).

Hinweis

Musselin-Stoff nicht bügeln, sondern nur mit den Fingern glatt streichen.

7. Auf rechts wenden und gut bügeln.

8. Vorder- und Rückteil rechts auf rechts aufeinanderlegen. Die Belege dabei nach oben ausklappen und ebenfalls rechts auf rechts aufeinanderlegen. An den Seiten treffen jeweils die Nähte der Belege vorn und hinten aufeinander. Seitennähte vom Bein bis zum Beleg stecken und in einem Zug nähen. Anschließend die Naht versäubern.

9

11

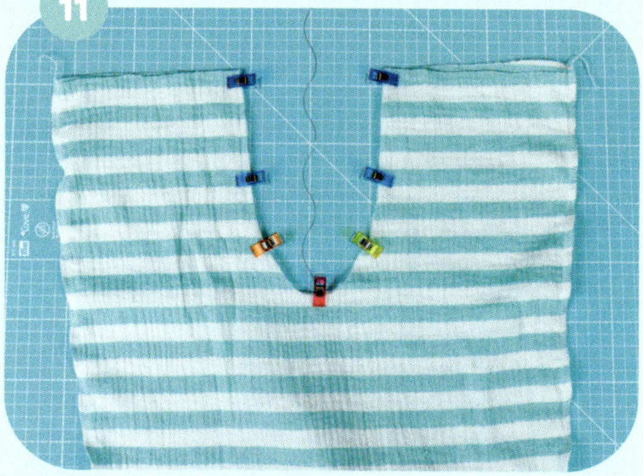

10

12

9. Unterkante des Belegs rundherum versäubern. Beleg nach innen legen und bügeln.

10. Oberkante der Hose rundherum knappkantig absteppen, damit der Beleg innen fixiert wird.

11. Vorder- und Rückteil der Hose so aufeinanderlegen, dass die Innenbeinnaht gesteckt und genäht werden kann. Versäubern.

Hinweis

Wie du ein Knopfloch nähst, erfährst du im verlinkten Video.

Video

13

14

Die Latzhose gibt es auch in einer kurzen Variante.

12. Bündchen an die Hosenbeine annähen, siehe Anleitung Seite 18.

13. Träger anpassen. Lass die Hose nun anprobieren und kürze die Träger auf die passende Länge. Bügle dann an der offenen Kante die Nahtzugabe nach innen und steppe von rechts den Abschluss des Trägers knappkantig ab. Auch den ganzen restlichen Träger knappkantig absteppen.

14. Bringe den Verschluss an Trägern und vorderem Latz an, zum Beispiel Druckknöpfe oder Latzhosenschnallen. Eine weitere Möglichkeit ist, ein Knopfloch zu nähen, und die Träger werden zum Knoten gezogen.

WINTERSET
Bersama

Ruckzuck angezogen ist der bequeme Schlupfschal, ganz ohne lästiges Binden. So bleiben die Kleinen schön warm! Und auf den Kopf die witzige Mütze, die oben abgebunden wird.

Stoff

- Dehnbare Stoffe wie Jersey, elastischer (Sommer-)Sweat, Nicki
- Für die Mütze benötigst du außerdem noch ein Band, z. B. eine Kordel, Spitzenband, Ripsband oder Jerseynudel

Zuschnitt

- Alle Schnittteile mit 0,7–1 cm NZ zuschneiden (SB 4).
- **Mütze:**
  2 × Schnittteil Mütze/Loop im Bruch,
  1 × Bündchen im Bruch
- **Schlupfschal:**
  2 × Schnittteil Mütze/Loop im Bruch

Material

- **Mütze:**
  Außenstoff: 35 cm,
  Innenstoff: 35 cm,
  Bündchenware: 15 cm,
  Bindeband: 20–30 cm
- **Schlupfschal:**
  Außenstoff: 35 cm,
  Innenstoff: 35 cm

Info

Aus einem ausgedienten Sweatshirt oder Strickpulli lässt sich ein Schal oder eine Mütze upcyceln.

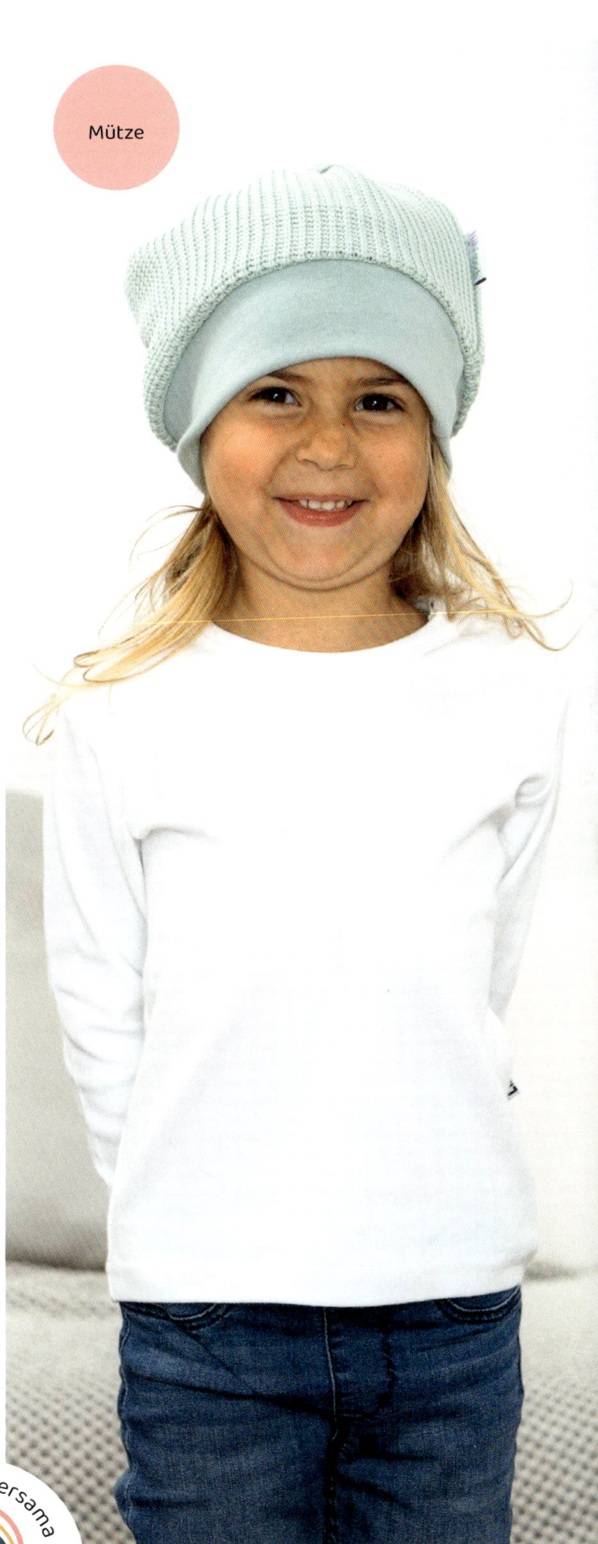

Winterset Bersama

So geht's

1. Lege beide Stoffteile rechts auf rechts aufeinander. Stecke und nähe die langen Kanten oben und unten. Aber Achtung: Lass an einer Kante eine Wendeöffnung von 8–10 cm Länge offen!

2. Nun in eine Seite hineingreifen, das andere kurze Ende festhalten und mit hochziehen. Die kurzen Enden liegen nun aufeinander. Achte darauf, dass nichts verdreht ist!

3. Lege die kurzen Seiten nun rundherum rechts auf rechts aufeinander, stecke diese fest und nähe rundherum.

4. Durch die Wendeöffnung kannst du das Teil nun auf rechts wenden. Schließe die Wendeöffnung per Hand, siehe Anleitung auf Seite 17.

So geht's

1. Lege beide Stoffteile rechts auf rechts aufeinander. Stecke sie fest und nähe die lange Kante oben entlang.

2. Falte das Teil nun so zusammen, dass die eben genähte Naht sich in der Mitte trifft. Stecke fest und nähe die obere Kante.

3. Wende das Teil auf rechts und stecke den Innen- und Außenstoff an der offenen Kante im Kreis herum aufeinander. So kannst du das Bündchen gleich besser annähen, ohne dass etwas verrutscht.

4. Nähe das Bündchen an, wie in der Anleitung auf Seite 18 beschrieben.

5. Mit dem Band die Mütze oben zubinden. Das Band mit einigen Stichen fixieren und nicht zu lang hängen lassen, da sonst Strangulationsgefahr besteht!

HALSTUCH Giat

Das einfache Halstuch ist der perfekte Begleiter für die unternehmenslustigen Kleinen. Egal ob als praktischer Sabberlatz während des Zahnens oder als modischer Hingucker.

Stoff

- Weiche Stoffe wie Musselin, Jersey, (Sommer-)Sweat, Molton oder Baumwollwebware

Zuschnitt

- 1 × ein Quadrat 35 × 35 cm (Nahtzugabe ist enthalten)

Material

- Hauptstoff: 35 × 35 cm

Hinweis

Halstuch als Lätzchen verwenden? Dann einen Stoff aus Baumwolle nehmen, der saugfähig und bei hohen Temperaturen waschbar ist.

Info

Für das Halstuch kannst du nicht mehr benötigte, große Spucktücher und Mullwindeln verwenden.

Hinweis

Das Halstuch kann aus nahezu allen Stoffen genäht werden. Wichtig ist, dass die Stoffe weich sind, sodass sich das Halstuch gut um den Hals legen und binden lässt.

So geht's

1

3

2

4

1. Falte das Quadrat rechts auf rechts zu einem Dreieck und stecke die Stofflagen an den offenen Kanten zusammen.

2. Nähe beide Kanten und lass eine Wendeöffnung offen.

3. Wende das Halstuch auf rechts.

4. Schlage die Nahtzugabe an der Wendeöffnung nach innen ein. Die beiden genähten Kanten kannst du nun von rechts absteppen. Dabei wird die Wendeöffnung mit verschlossen.

Hinweis

Weil an der langen Seite keine Naht ist, schmiegt sich das Halstuch besonders weich an den Hals an.

NähFrosch

HAARBAND Pita

Mit dieser großen Haarschleife verpackst du dein kleines Geschenk auf schönste Weise.

Stoff

- Jersey für das Band – und die Schleife kann aus jedem Stoff genäht werden, der nicht zu dick ist, aber etwas Stand hat. Mit Bügeleinlage kann beim Schleifenteil noch etwas Standfestigkeit gegeben werden.

Material

- **Stoff für Schleife:** 15 cm
- **Stoff für Band:** 15 cm

Zuschnitt

- Alle Schnittteile mit 0,7–1 cm NZ zuschneiden (SB 1).
- **1 × Kopfband**
  im Bruch
- **1 × Schleife**
  im Bruch
- **1 × Knoten**
- **ggf. 1 × Schleife**
  im Bruch aus Bügeleinlage

Info

Dieses kleine Projekt lässt sich super aus Stoffresten nähen.

Hinweis

Experimentieren ausdrücklich erlaubt! Verwende doch mal Tüll für die Schleife!

Hinweis

Eine etwas kleinere Schleife macht sich auch gut auf einem Haarreif oder einer Haarspange!

So geht's

1

3

2

4

1. Schleife nähen. Falte die Schleife rechts auf rechts im Bruch aufeinander. Stecke die 3 offenen Kanten fest und nähe sie zusammen. Eine Wendeöffnung lassen.

2. Nahtzugabe an den Ecken sowie ringsherum bis 1–2 mm vor die Naht zurückschneiden, nur an der Wendeöffnung nicht. Die Schleife auf rechts wenden. Nahtzugabe an der Wendeöffnung nach innen falten und Schleife gut bügeln. Schleife knappkantig rundherum absteppen, das gibt Stabilität und die Wendeöffnung wird gleich mitgeschlossen.

3. Das Schleifenband wie ein Schrägband falten. Dazu klappe entlang der Längsseiten die Nahtzugabe auf die linke Seite und bügle gut.

4. Steppe das Schleifenband auf beiden Seiten ab.

5

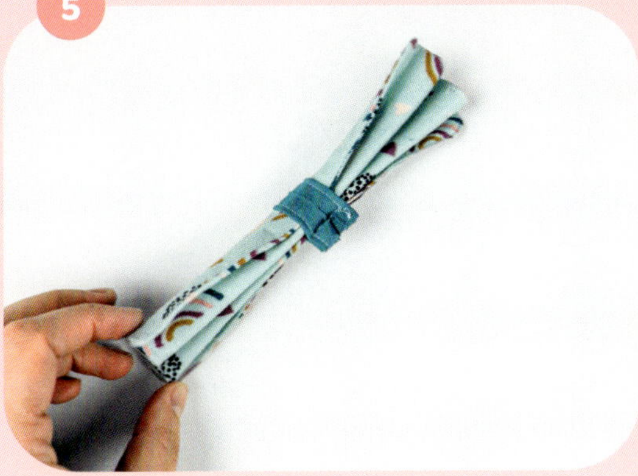

6

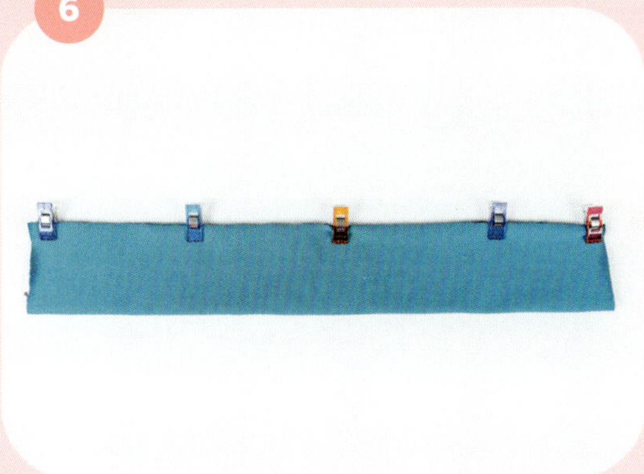

7

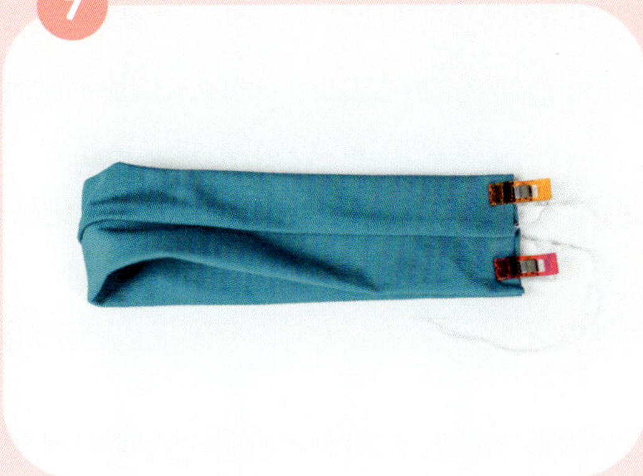

8

5. Falte die Schleife wie eine Ziehharmonika. Wenn du die Ziehharmonika nun bügelst, erhältst du den Plissee-Look. Das Schleifenband nun mittig um die Schleife legen, mit der Nahtseite nach außen. Nähe das Schleifenband zum Ring, mehrmals vor und zurück. Achtung: Nicht zu eng, sonst kannst du es nicht mehr wenden! Drehe das Schleifenband um, sodass die Naht innen versteckt ist.

6. Haarband nähen: Falte das Band längs rechts auf rechts zusammen und nähe die Stofflagen an der langen Kante zusammen.

7. Wende den Stoffschlauch und falte ihn so, dass die Naht in der Mitte verläuft. Gut bügeln. Stecke die kurzen Enden aufeinander und nähe.

8. Schleife aufnähen: Nähe die Schleife von Hand mit einigen Stichen am Haarband fest.

LÄTZCHEN Enak

Ganz schnell reingeschlupft!
Dieses Lätzchen ist der beste Begleiter am Tisch – ohne lästiges Binden.

Stoff

- Saugfähiger und gut waschbarer Stoff wie Frottee oder Molton

Zuschnitt

- **1 × Halsbündchen** (SB 3)
- **1 × kleines Handtuch oder Stoff** 30 × 50 cm

Material

- **Ein kleines Handtuch oder Stoff** ca. 30 × 50 cm
- **Bündchenware:** 10 cm
- Evtl. Schrägband für die Stoffkanten

Info

Für dieses Projekt kannst du ein kleines Handtuch und Bündchenreste verwenden.

Lätzchen Enak

So geht's

1

Hinweis

Wenn du Stoff verwendet hast, musst du noch die Kanten versäubern, säumen oder mit Schrägband einfassen!

2

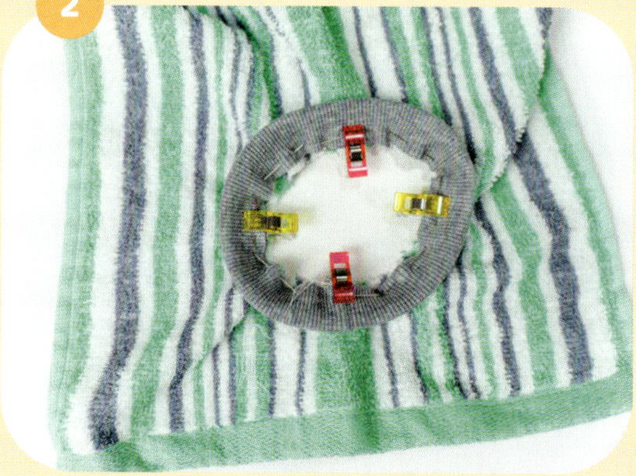

1. Schneide anhand der Kreisschablone einen Kreis aus dem Handtuch aus. Der Kreis sollte sich mittig befinden, ca. 6–8 cm vom oberen Rand entfernt.

2. Nähe das Bündchen an den Kreis, wie in der Anleitung auf Seite 18 beschrieben, und schon ist das Lätzchen fertig.

Lätzchen Enak

WÄRMEKISSEN Pusar

Dieses kleine runde Wärmekissen sorgt im Nu für Ruhe im Bäuchlein. Gefüllt mit Bio-Traubenkernen, schmiegt sich das Schmusekissen in Katzenoptik an die kleinen Patient*innen an. Der Bezug kann vom Innenkissen ganz praktisch abgenommen werden.

Stoff

- Für außen weiche Stoffe wie Nicki, Frottee, Jersey, Cord, Sweat, Plüsch. Für das Innenkissen am besten Baumwollwebware. Für die Arme ist auch Musselin gut geeignet.

Material

- 120–140 g Körner in Bio-Qualität, die erhitzt werden können
- **Außenstoff:** 20 cm
- **Innenstoff:** 20 cm
- **Für die Arme:** Reststücke, ca. 10 cm hoch

Zuschnitt

- Alle Schnittteile mit 0,7–1 cm NZ zuschneiden (SB 4).
- **1 × Vorderteil** aus Außenstoff
- **2 × Vorderteil** aus Innenstoff
- **2 × Rückteil** aus Außenstoff
- **4 × Ohr** aus Außenstoff
- **8 × Arm**
- ggf. 2 × Augen zum applizieren + Vliesofix

Info

Für dieses kleine Projekt kannst du z. B. Kleidung upcyceln oder Stoffreste verwenden.

Wärmekissen Pusar

So geht's

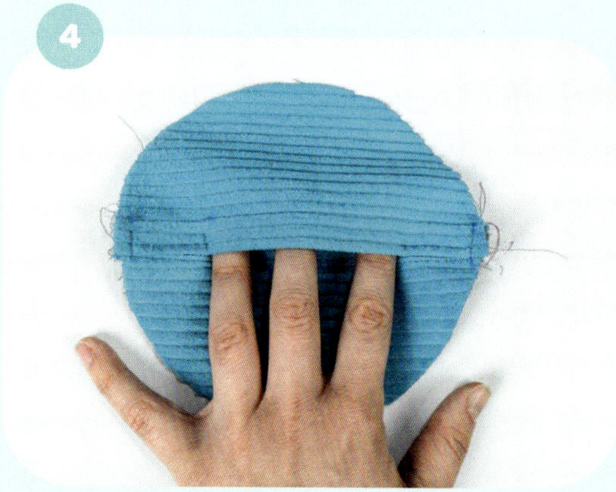

1. Innenkissen nähen. Beide Vorderteile rechts auf rechts zusammennähen, eine Wendeöffnung lassen. Nahtzugabe einkürzen, außer an der Öffnung.

2. Innenkissen wenden und bis ca. zur Hälfte füllen. Dann Wendeöffnung schließen, siehe Seite 17.

3. Gliedmaßen nähen. Je zwei Arme/Ohren rechts auf rechts zusammennähen, die kurze gerade Kante offen lassen. Nahtzugabe einkürzen, wenden und bügeln.

4. Rückseite mit Verschluss nähen. Bügle entlang der geraden Kante der Rückteile jeweils Vlies auf (siehe Seite 9) und versäubere die Kante. Schlage je die Kante nach links um und steppe ab. Beide Teile aneinanderlegen, sodass die geraden Kanten leicht überlappen. Mit einigen Stichen seitlich fixieren. Die

5

7

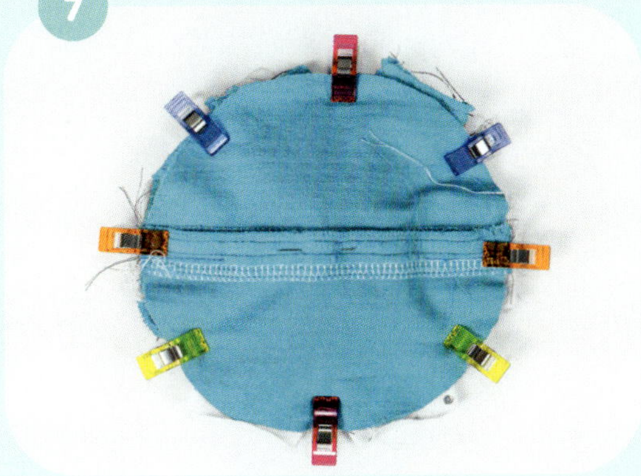

6

8

Öffnung verkleinern, indem je 2–3 cm von jeder Seite aus zugenäht werden.

5. Appliziere das Gesicht mit Vlisofix oder „zeichne“ das Gesicht mit Geradstich.

6. Körperteile annähen. Lege das Vorderteil (rechte Stoffseite zu dir) vor dich. Platziere darauf die Gliedmaßen, nach innen zeigend. Fixiere sie am Rand mit einigen Stichen.

7. Körper nähen. Auf das Vorderteil mit den Gliedmaßen kommt die Rückseite, rechte Seite nach unten. Stecke und nähe rundherum. Kürze die Nahtzugabe ein. Wende durch die Öffnung auf der Rückseite.

8. Innenkissen einsetzen. Du kannst durch die Öffnung hinten das Innenkissen in das Außenkissen einlegen, nachdem du es in der Mikrowelle kurz erhitzt hast.

DANKE

Die Zeit, in der dieses Buch entstanden ist, war eine ganz besondere. Nicht nur für mich, sondern für die ganze Welt, die aufgrund der Corona-Situation komplett auf dem Kopf stand.

Mein Dank gilt besonders meinem Mann Stefan, der mich in stressigen Situationen erträgt. Danken möchte ich meinen lieben Schwägern Desi und Mo sowie meiner Schwiegermutter Swie Mee, mit denen wir zusammenwohnen und die mehr als einmal die Kinder beaufsichtigt haben. Ich möchte meinen Eltern Ulrike und Berni danken, meinen Omas Sonja und Erika und meinem Bruder Bastian. Aufgrund der Situation konntet ihr nicht wie sonst persönlich zur Stelle sein.

Mein Dank gilt auch den Sponsoren EvLis-Needle und Prym, die mich trotz schwieriger Bedingungen zügig mit Materialien versorgt haben.

Natürlich danke ich auch meinen Kindern, Sophia und Alexander. Ihr fordert mich jeden Tag, raubt mir den letzten Nerv und gebt mir so viel Liebe. Ihr seid ein steter Quell der Freude und des Sandes. (Wo kommt nur immer dieser Sand her?) Ihr seid die besten, chaotischsten und tollsten Kinder, die sich eine Mama wünschen kann. Ich liebe euch!

ÜBER NÄHFROSCH

Nähfrosch startete 2013 als kleines Näh-Tagebuch einer frisch gebackenen Mama. Katja, Jahrgang 1985 und eigentlich diplomierte Mathematikerin, entdeckte recht plötzlich ihre Leidenschaft fürs Nähen. Und gründete ganz spontan den Blog Nähfrosch, um ihre Werke, auf die sie so stolz war, mit der Nähwelt zu teilen.

Inzwischen ist Nähfrosch kein Ein-Frau-Näh-Tagebuch mehr, sondern ein Online-Magazin, und hinter Katja steht ein ganzes Team, zu dem auch ihr Mann Stefan gehört, mit dem sie zusammen mit den beiden Kindern Sophia und Alexander im Rhein-Main-Gebiet lebt.

Neben dem Nähen werden viele weitere Themenbereiche wie z. B. Plotten, Reisen mit Kindern und Fotografie bedient. Nachhaltigkeit ist dabei ein wichtiger Bestandteil von Nähfrosch. Nach wie vor ist das Nähen das Herzstück von Nähfrosch und Katjas Leidenschaft. Nicht selten verzieht sie sich in ihr Nähzimmerchen, in dem vor lauter Stoff kaum noch Platz ist.

Sowohl Einsteiger*innen als auch geübte Näher*innen finden bei Nähfrosch viele Tipps und Tricks und eine stetig wachsende Auswahl professioneller Schnittmuster.

IMPRESSUM

Bibliografische Information der Deutschen Bibliothek.

Die Deutsche Bibliothek verzeichnet diese Publikation in der Deutschen Nationalbibliografie.

Detaillierte bibliografische Daten sind im Internet über http://www.dnb.de/ abrufbar.

EIN BUCH DER EDITION MICHAEL FISCHER

1. Auflage 2023

Covergestaltung, Layout und Satz:
Sonja Bauernfeind

Bilder: © Patrick Wittmann, München (Cover, Aufmacherfotos); © Stefan Czajkowksi (Grundlagen- und Schrittfotos); © Argunika/shutterstock (S. 11); © Kelly Sikkema/unsplash (S. 83)
Illustrationen: © Tolchik/shutterstock
Schnittkonstruktion: Solveigh Keikavoussi, Schnittmacherei, Hamburg

Redaktion und Lektorat: Maren Bellon, Judith Wiedemann

ISBN 978-3-7459-1560-0

Gedruckt bei Polygraf Print, Čapajevova 44, 08001 Prešov, Slowakei

www.emf-verlag.de